Die geheimnisvolle Welt der
Schildkröten

Die geheimnisvolle Welt der Schildkröten

John Lehrer

KARL MÜLLER VERLAG

© by Michael Friedmann Publishing Group, Inc., New York
© der deutschsprachigen Ausgabe:
Karl Müller Verlag, Danziger Straße 6,
D-91052 Erlangen, 1994

Alle Rechte vorbehalten.
Kein Teil des Werkes darf in irgendeiner Form
(durch Fotokopie, Mikrofilm oder ein ähnliches Verfahren)
ohne die schriftliche Genehmigung des Verlages
reproduziert oder unter Verwendung elektronischer
Systeme verarbeitet, vervielfältigt oder
verbreitet werden.

Titel der Originalausgabe: Turtles and Tortoises

Übertragung aus dem Englischen:
Dipl.-Biol. Ingrid Ahnert

Lektorat: Juliane Jung

Printed in Spain

ISBN 3-86070-365-X

INHALT

EINLEITUNG	6
KAPITEL 1 **BIOLOGIE DER SCHILDKRÖTEN**	8
KAPITEL 2 **SCHILDKRÖTEN DER WELT**	40
KAPITEL 3 **SCHILDKRÖTEN UND MENSCHEN**	102
REGISTER	124
BILDNACHWEIS	127

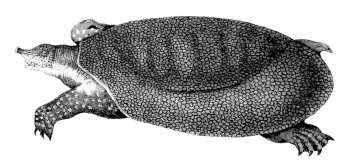

Einleitung

Reptilien haben mich schon als Kind fasziniert. Eines meiner ersten Haustiere war eine kleine Rotwangen-Schmuckschildkröte, die ich damals für eine Zierschildkröte hielt. Aus Unkenntnis fütterte ich sie mit Fischfutter und hielt sie in einem kleinen Becken mit zuviel Wasser und unzureichendem Sonnenplatz. Nach kurzer Zeit starb sie – wie die meisten Schildkröten, die als Haustiere gehalten werden.

Mit acht oder neuen Jahren war ich an jedem freien Sommertag am Ufer eines benachbarten Flusses auf der Suche nach Vipernnattern unterwegs. Ich nahm sie – zum Entsetzen meiner Mutter – mit nach Hause und setzte sie in ein Terrarium, das mir mein Vater gebaut hatte. Zufällig stieß ich dabei auf eine Zierschildkröte und nahm auch sie mit nach Hause. Später ließ ich sie wieder frei, da ich keinen geeigneten Platz hatte, um sie zu halten.

Als Kind habe ich sehr viel gelesen, das Interesse an Reptilien haben Verwandte in mir geweckt. Von meiner Großmutter bekam ich ein Standardwerk über Schlangen der Welt, und eine Großtante hat mir ein ganz hervorragendes Buch über Schnappschildkröten geschenkt.

Später habe ich aufgehört, Schlangen und Schildkröten zu sammeln und mich den herkömmlichen Haustieren, wie Katzen und Hunden, zugewandt. Mein Interesse bzw. meine Sympathie für diese urtümliche Tiergruppe habe ich jedoch niemals mehr verloren. Immer wenn ich ein naturhistorisches Museum, einen Zoo oder ein Zoogeschäft besuche, halte ich zuerst nach den Reptilien Ausschau.

Schildkröten stellten für mich – und offensichtlich für viele andere auch – eine ganz große Ausnahme unter den Reptilien dar. Der Schildkrötenexperte Archie Carr faßte diese Haltung in folgende Worte: „Die meisten Menschen haben Reptilien gegenüber ein undefinierbares Mißtrauen – mit Ausnahme Schildkröten gegenüber." Schildkröten waren für mich schon immer die zugänglichsten und harmlosesten aller Reptilien. Im Vergleich dazu erscheinen Schlangen und Krokodile unheimlich, aber keineswegs weniger interessant. Eidechsen hielt ich schon immer für mißratene Schlangen.

Schildkröten sind äußerst reizvolle Tiere. Die meisten Menschen empfinden ihnen gegenüber die gleiche Sympathie, die sonst nur Hamstern, Hasen, Meerschweinchen oder kleinen Katzen vorbehalten ist.

Darüber hinaus sind Schildkröten auch deshalb interessant, weil sie ganz anders sind, als es zunächst den Anschein hat. An Land bewegen sie sich linkisch und langsam, im Wasser hingegen verwandeln sich die meisten Arten in schnelle und anmutige Geschöpfe.

Der Panzer der Schildkröten vermittelt den Eindruck, daß es sich um ein einfaches, eindimensionales, etwas komisches Tier handelt. Tatsächlich ist der Panzer aber eine großartige Erfindung der Natur: Die Entwicklung unterschiedlicher Panzerformen hat dazu beigetragen, daß sich Schildkröten an eine Vielzahl von Lebensräumen anpassen konnten.

Ich möchte mit diesem Buch das Augenmerk des Lesers auf die Vielschichtigkeit dieser zähen, anpassungsfähigen Tiere lenken, die seit mehr als 150 Millionen Jahren auf der Erde leben. Deshalb habe ich den Körperbau und die Physiologie der Schildkröten beschrieben, einen weitgehend vollständigen Überblick über die verschiedenen Familien gegeben und auf interessante Einzelheiten über die Lebengewohnheiten vieler Arten hingewiesen. Im letzten Kapitel beschreibe ich die komplexe und oft verhängnisvolle Beziehung zwischen Schildkröten und Menschen.

Es war nicht meine Absicht, eine erschöpfende und wissenschaftliche Abhandlung über die Anatomie, Physiologie und das Verhalten der Schildkröten zu schreiben. Stattdessen habe ich versucht, die interessantesten Schildkrötenarten möglichst umfassend vorzustellen. Detailliertere Informationen zu den über 200 verschiedenenen Schildkrötenarten können einer Reihe von Fachbüchern entnommen werden.

Kurz noch ein Wort zur Terminologie: „Wasserschildkröte", „Landschildkröte" und „Dosenschildkröte" sind häufig verwendete Begriffe in diesem Buch, die in verschiedenen Kulturbereichen unterschiedlich eingesetzt werden. Während sich die Begriffe „Wasser- und Landschildkröte" ausschließlich auf die Lebensweise im Wasser oder an Land beziehen, steht die Bezeichnung „Dosenschildkröte" für alle Arten, die zum Verzehr angeboten werden (wie z. B. die Diamantschildkröte oder die Schmuckschildkröte). Strenggenommen ist der Begriff „Schildkröte" für alle gepanzerten Reptilien die korrekte Bezeichnung.

BIOLOGIE DER SCHILDKRÖTEN

Kapitel 1

Schildkröten sind bemerkenswerte Tiere! Die Urschildkröte entwickelte sich vor mehr als 200 Millionen Jahren; dieser riesige Vorfahr bevölkerte während des goldenen Zeitalters der Reptilien zusammen mit den Dinosauriern die Erde. Die Schildkröten haben die Dinosaurier überlebt und existieren in ihrer jetzigen Form seit mehr als 150 Millionen Jahren, d. h., sie leben auf diesem Planeten 3mal länger als die heute vorkommenden Säugetiere und 3000mal länger als der Homo sapiens.

Schildkröten sind Reptilien mit einem knöchernen oder ledernen Panzer, in den sie Kopf und Beine ganz oder teilweise zurückziehen können. Sie haben anstelle von Zähnen schnabelförmige Kiefer mit scharfen Hornschneiden. Sie besitzen vier starke, mit Krallen versehene Beine, die sich zum Laufen, Kriechen und Schwimmen eignen, und einen Schwanz.

Schildkröten gefallen den meisten Menschen wegen ihrer auffallenden Panzer. Der Rückenpanzer, der dazu dient, die inneren und äußeren Körperteile der Schildköte zu schützen, macht für viele Menschen die ganze Schildkröte aus.

Die Schildkröten sind in 13 Familien mit mehr als 200 Arten unterteilt. Sie leben in fast allen gemäßigten subtropischen und tropischen Regionen der Erde in nahezu jeder Umgebung: in Wäldern, Tümpeln, Flüssen, Seen, Sümpfen, Steppen, Wüsten und im Meer.

Die meisten Schildkröten ernähren sich als Gemischtköstler von Insekten, zartem Seegras, Aas, Früchten und

Fisch. Es gibt aber auch einige Arten, die sich ausschließlich von Tieren oder Pflanzen ernähren.

Schildkröten gibt es in allen erdenklichen Größen, angefangen von einer nur wenige Zentimeter großen ostamerikanischen Schlammschildkrötenart bis hin zur größten aller Schildkröten, der Lederschildkröte. Sie lebt in tropischen Gewässern und kann fast 3 m lang werden und ein Gewicht von bis zu 560 kg erreichen.

Schildkröten zeichnen sich durch ihre Anpassungsfähigkeit und Ausdauer aus. Nachdem der Schildkrötenkörper perfekt der Nahrungsaufnahme, dem Schutz und der Fortpflanzung angepaßt wurde, ist das Wohlergehen dieser Art nur durch rücksichtsloses und leichtfertiges Handeln des Menschen bedroht.

Wissenschaftliche Einteilung und Entwicklungsgeschichte der Reptilien

Um Gemeinsamkeiten und Unterschiede zu verstehen, werden Tiere und Pflanzen nach einem wissenschaftlichen System eingeteilt, das auf den schwedischen Botaniker Carl von Linné (1707–1778) zurückgeht.

Dieses System ist in neun hierarchische Stufen unterteilt (siehe unten). Die obersten Kategorien (Reich, Stamm) beziehen sich auf die allgemeinsten und auffälligsten Unterscheidungsmerkmale zwischen Pflanzen- und Tiergruppen, die untersten Kategorien (Gattung, Art) beziehen sich auf weniger auffällige Unterscheidungsmerkmale und ermöglichen eine genauere Bestimmung. So gehören z. B. alle Tiere dem Tierreich an, der Ordnung Schildkröten *(Chelonia)* gehören hingegen nur die Schnappschildkröten an.

Einteilung der Geierschildkröte

Im folgenden ist die wissenschaftliche Zuordnung am Beispiel der größten Süßwasserschildkröte, der Geierschildkröte dargestellt. Sie lebt in Flüssen, Kanälen, Seen, Sümpfen und Tümpeln im Süden der USA.

Reich:	Tierreich	Alle Tiere
Stamm:	Chordata	Tiere mit Rücksaite *(Chorda dorsalis)*
Unterstamm:	Vertebrata	Wirbeltiere (Tiere mit Wirbelsäule)
Klasse:	Reptilien	Alle Kriechtiere
Ordnung:	Chelonia*	Alle Wasser- und Landschildkröten
Unterordnung:	Cryptodira	Halsberger
Familie:	Chelydridae	Alligatorschildkröten
Gattung:	Macroclemys	Geierschildkröten
Art:	temminckii	Geierschildkröte

*Die Ordnung der Schildkröten wird je nach Literatur als *Chelonia, Testudinata* oder *Testudines* bezeichnet.

Die erste wichtige Kategorie in diesem Klassifikationsschema ist der Unterstamm: Tiere mit Wirbelsäule bezeichnet man als Wirbeltiere, Tiere ohne Wirbelsäule nennt man Wirbellose.

Biologie der Schildkröten 11

Schildkröten gehören zu den Kriechtieren *(Reptilia)*, einer von fünf Wirbeltierklassen. Reptilien sind höher entwickelt als Lurche *(Amphibia)* und Fische *(Pisces)*, jedoch niedriger als Vögel *(Aves)* und Säugetiere *(Mammalia)*.

Die heutigen Reptilien sind Überlebende einer größeren Tiergruppe, die sich aus Amphibien entwickelt hat und vor 230 Millionen Jahren bis vor 70 Millionen Jahren während des Mesozoikums gelebt hat.

Reptilien waren in dieser Zeit die vorherrschende Lebensform. Neben vielen kleinen Arten, etwa von der Größe der heutigen Eidechsen, existierte zu dieser Zeit das vermutlich größte Lebewesen der Erde: der erst jüngst entdeckte Seismosaurus. Er

Diese Schnappschildkröte (Chelydra serpentina) *beobachtet aufmerksam einen Eindringling in ihrem Territorium.*

dürfte eine Länge von 44 m und ein Gewicht von 82 Tonnen erreicht haben. Die Reptilien waren an alle Lebensräume angepaßt – Sümpfe, Wüsten, Wälder, Weideland, Flüsse, Seen, das Meer und sogar die Luft.

Fossilienfunde belegen, daß Dinosaurier und etwa 80 Prozent der anderen Reptilien gegen Ende des Mesozoikums relativ schnell (geologisch betrachtet) ausgestorben sind. Die genauen Ursachen sind bis heute nicht bekannt. Die Nachfolge der Reptilien traten als höher entwickelte Wirbeltiere Vögel und Säugetiere an.

Auch heute spielen Reptilien eine wichtige Rolle im Tierreich – es existieren beinahe 6000 Arten, meist Eidechsen und Schlangen. Sie tragen zur Erhaltung des ökologischen Gleichgewichts bei, da sie viele Nagetiere, Insekten und andere Schädlinge vernichten.

Schildkröten stellen im Rahmen des Klassifikationssystems unter den Reptilien eine von vier Ordnungen dar. Die anderen Ordnungen umfassen Schlangen und Eidechsen *(Squamata)*, Krokodile, Kaimane und Alligatoren *(Crocodilia)* sowie Brückenechsen *(Rhynchocephalia)*, seltene echsenartige Reptilien, die nur noch in Neuseeland vorkommen.

Reptilien unterscheiden sich durch folgende Merkmale von anderen Wirbeltieren: eine von Schuppen oder Hornplatten bedeckte Haut; Lungen zum Atmen; eine von der Umgebungstemperatur abhängige Körpertemperatur; Vermehrung durch innere Befruchtung; Ablage von widerstandsfähigen Eiern; Nachkommen, die „Miniaturausgaben" eines erwachsenen Reptils darstellen.

Um die Bedürfnisse der Schildkröten zu verstehen, ist eine grobe Kenntnis der wissenschaftlichen Klassifikation erforderlich. Im folgenden Kapitel über die Anatomie der Schildkröten werden die Unterordnungen getrennt abgehandelt. Anschließend werden die verschiedenen Familien und Arten vorgestellt.

Die Carolina-Dosenschildkröte (Terrapene carolina) *kann mit Hilfe eines mittleren Quergelenks auf dem Bauchpanzer dessen Vorder- und Hinterklappen hochklappen und dadurch die Öffnung des Panzers fest verschließen.*

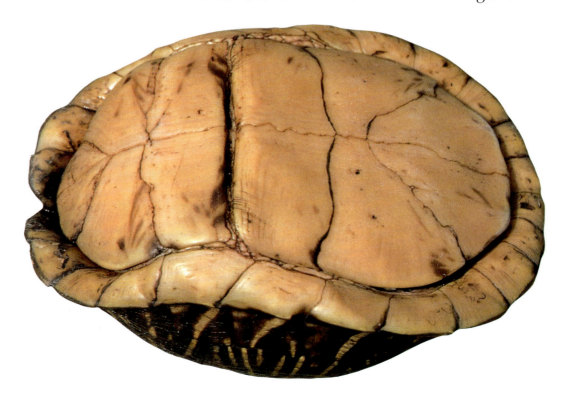

Abstammung

Schildkröten stammen von den Cotylosauriern ab, kleinen Tieren, die vor über 250 Millionen Jahren gelebt haben. Sie stellen die Urform der Reptilien dar, aus denen sich alle Linien entwickelt haben. Schildkröten, die einen knöchernen oder ledernen Panzer und eine zahnlosen Kiefer besitzen, traten erstmals in der Trias vor mehr als 200 Millionen Jahren auf.

Im Mesozoikum gab es mehr Schildkrötenarten als heute. Es existierten drei Unterordnungen, wovon eine heute ausgestorben ist. Im Laufe der Evolution haben sie sich an ihre Umgebung angepaßt und leichte, lederne Panzer sowie große, kräftige Beine mit Schwimmhäuten für das Leben im Wasser oder hohe, kuppelförmige, knöcherne Panzer und säulenförmige Beine für das Landleben entwickelt.

Fossilien früherer Schildkröten wurden in Europa, Nord- und Südamerika, Asien, Afrika und Australien gefunden. Die Funde belegen, daß zu dieser Zeit auch wesentlich größere Arten gelebt haben. In Indien wurde ein 2 m langer Panzer, in den Vereinigten Staaten Reste einer fast 4 m großen Meeresschildkröte gefunden.

Anatomie

Beinahe jede Abhandlung über den Bauplan der Schildkröten beginnt mit dem auffälligsten Körperteil, dem Panzer. Die meisten Wirbeltiere besitzen ein inneres Skelett, das von Muskelgewebe (Fleisch) umgeben und durch Schuppen, Haare, Federn oder Haut geschützt ist.

Der Panzer der Schildkröten, der Teil des Skeletts ist, liegt im Gegensatz dazu an der Außenseite des Körpers und dient als schützende Hülle für Muskelgewebe und lebenswichtige Organe im Körperinneren. Die Tiere können den Hals mit dem Kopf, die Beine und den Schwanz mehr oder weniger vollständig unter den Panzer einziehen.

Der Panzer besteht aus zwei Teilen: dem nach außen gewölbten Rückenpanzer (Carapax) und dem flachen Bauchpanzer (Plastron). Beide Teile sind seitlich durch Knochenbrücken miteinander verbunden und besitzen Öffnungen für Kopf, Schwanz und Beine.

Rücken- und Bauchpanzer setzen sich aus zwei Schichten zusammen. Die Innenschicht besteht aus einem Mosaik fest verbundener Knochen. Die Wirbelsäule ist starr und unbeweglich, da Rücken- und Brustwirbel fest mit der inneren Rückenpanzerschicht verbunden sind. Nur Beine, Hals und Schwanz sind beweglich.

Die Außenschicht setzt sich aus symmetrisch angeordneten, breiten Hornplatten (Schildern) zusammen. Die Nahtstellen der Innen- und Außenschichten von Rücken- und Brustpanzer treffen nicht aufeinander, was dem Panzer zusätzliche Festigkeit verleiht.

Manche Arten besitzen einen Panzer, der an einer oder zwei Stellen wie ein Gelenk beweglich ist. Dies ermöglicht den Schildkröten das vollständige Einziehen von Kopf, Schwanz und Beinen.

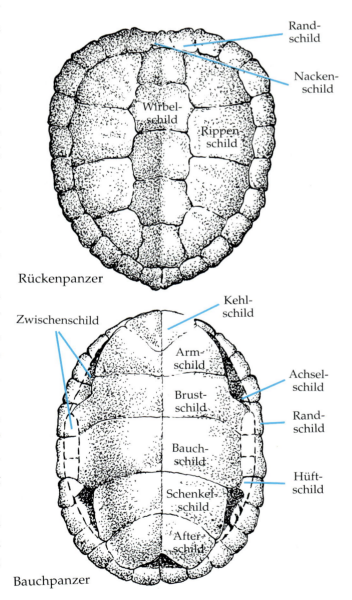

Bau eines Schildkrötenpanzers

*Oben: Symmetrisch verzierter Bauchpanzer einer Buchstaben-Schmuckschildkröte (*Pseudemys scripta*), einer mittelgroßen nordamerikanischen Sumpfschildkrötenart.*

*Rechts: Die Florida-Weichschildkröte (*Trionyx ferox*) kann am Grund seichter Gewässer liegen und den Kopf zum Atmen über die Wasseroberfläche heben.*

Schildkrötenpanzer sind äußerst vielfältig und unterscheiden sich innerhalb der Familien. Im folgenden werden die Außenschichten des Rückenpanzers von Land- und Sumpfschildkröten, denen mehr als die Hälfte aller Schildkröten angehören, beschrieben.

Der Rückenpanzer setzt sich meist aus fünf großen Wirbelschildern *(Neuralia)* in der Mitte und je vier größeren Rippenschildern *(Costalia)* an beiden Seiten zusammen. Am Rand befinden sich etwa 20 kleinere Schilder, die als Randschilder *(Marginalia)* bezeichnet werden. Oberhalb des Kopfes liegt das Nackenschild *(Nuchale),* auf der entgegengesetzten Seite oberhalb des Schwanzes liegt das Nachwirbelschild *(Postneurale).*

Rezente Arten benötigen nicht mehr den schweren Panzer ihrer Vorfahren, der zum Schutz vor Dinosauriern und anderen großen Reptilien erforderlich war. Im Laufe der Evolution haben sich Gestalt und Zusammensetzung des Panzers den verschiedenen Lebensräumen der Schildkröten angepaßt.

Eine Wasserschildkröte könnte nur mit Mühe mit dem knöchernen, schweren und gewölbten Panzer der Landschildkröten schwimmen. Aus diesem Grund haben Meeresschildkröten einen relativ glatten Panzer (sowie breite Paddel, die sie im Bruststil bewegen) entwickelt. Auf kurzen Strecken können sie sich mit einer Geschwindigkeit im Wasser fortbewegen, die mit der eines schnellen menschlichen Läufers vergleichbar wäre.

Weichschildkröten haben einen flachen, abgerundeten Panzer entwickelt, der mit einer festen, ledernen Haut bedeckt ist. Auf diese Weise können sie sich leicht in den weichen Grund von Flüssen und Tümpeln eingraben und so getarnt auf eine vorbeischwimmende Mahlzeit warten.

Hals und andere Körperteile

Neben dem Panzer ist der Schildkrötenhals der interessanteste und wichtigste Bestandteil des Körpers. Der Hals ist lang und sehr beweglich und besteht aus acht Wirbeln (Säugetiere weisen sieben auf).

Die Flexibilität des Halses (sowie der benachbarten Muskeln und der Haut) ermöglicht das Zurückziehen des Kopfes unter den Panzer. Der auffälligste Unterschied zwischen den Schildkröten besteht in der Bewegungsmöglichkeit der Halswirbelsäule. Halswender *(Pleurodira)* können den Kopf nur waagrecht unter den Panzerrand schieben. Früher waren Halswender in Nord- und Südamerika, Europa, Asien, Afrika und Australien beheimatet. Heute sind sie aus vielen Regionen verschwunden und kommen nur noch in Südamerika, Afrika und Australien vor.

Die meisten Schildkrötenarten gehören heute der Unterordnung der Halsberger *(Cryptodira)* an. Halsberger können den Hals unter den Panzer senkrecht einziehen.

Schildkröten besitzen ein geschlossenes Schädeldach ohne Schläfenfenster (anapsider Schädeltyp). Sie unterscheiden sich darin nur sehr wenig von den Urformen und werden deshalb oft als ein primitiver Seitenast der Reptilien betrachtet.

Kopf einer Schnappschildkröte (Chelydra serpentina). *Mit ihren scharfen Hornschneiden kann die Schildkröte sogar einen Finger durchbeißen.*

Gopherschildkröten (Gopherus polyphemus) *graben lange Gänge, die auch von anderen Tieren bewohnt werden.*

Rezente Schildkröten besitzen keine Zähne, lediglich einige fossile Funde weisen Schädel mit einem rückgebildetem Gebiß auf. Die Kieferformen unterscheiden sich bei den einzelnen Arten; die scharfrandigen Hornschneiden wirken wie Scheren und zerschneiden mühelos Fleisch sowie pflanzliche Nahrung.

Die Haut kann glatt oder rauh sein; Schuppen treten nur an den Gliedmaßen oder am Schwanz auf. Zahlreiche Falten am Hals ermöglichen das Einziehen und Ausstrecken des Kopfes. Manchmal sind die Beine mit größeren, dickeren Schuppen

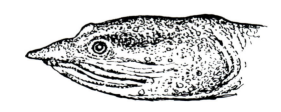
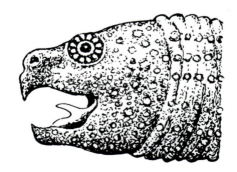

zum Schutz vor Feinden versehen. Die Krallen sind bei vielen Schildkröten sehr scharf und werden zum Graben und Klettern benötigt.

Eine ungewöhnliche Besonderheit im Bauplan der Schildkröten besteht darin, daß sich Schulter- und Beckengürtel (sie sind gleichzeitig die Ansatzstellen der Beine) innerhalb des Brustkorbes befinden, da der Panzer den gesamten Körper umgibt.

Neben der Anatomie weist auch die Physiologie der Schildkröten – die Funktionsweise ihres Körpers – faszinierende Besonderheiten auf.

Das Einatmen der Luft wird bei Säugetieren, Vögeln und Reptilien durch Erweiterung des Brustkorbes bewirkt. Da jedoch die Knochen der Schildkröten fester Bestandteil des starren Rückenpanzers sind, muß die Atmung bei diesen Tieren auf andere Weise erfolgen.

Schildkröten haben besondere paarige Lungenmuskeln, die an einer Art „Zwerchfell" ansetzen und die Luft aus den Lungen herauspressen, wenn sie sich zusammenziehen. Im Gegensatz zu anderen Tieren sind die Lungen der Schildkröten im Ruhezustand mit Luft gefüllt.

Besondere Atmungsmechanismen sind erforderlich, wenn Schildkröten bei drohender Gefahr Kopf und Beine unter den Panzer zurückziehen und dabei die Luft aus den Lungen gepreßt wird (das damit verbundene Zischen wird manchmal fälschlicherweise als feindliche Geste gedeutet).

Die Atmung der Wasserschildkröten erfolgt wieder anders, da sie oft lange Zeit unter Wasser verbringen. Manche Wasserschildkröten benutzen ihren Mund wie Kiemen, indem sie Wasser und den darin enthaltenen Sauerstoff durch die Nasenöffnungen in die Mundhöhle aufnehmen und anschließend das Wasser wieder ausstoßen. Andere Weichschildkröten nehmen Sauerstoff mit Hilfe ihrer paarigen Darmanhangsblasen (Analblasen), die sich in der Nähe ihrer Kloaken befinden, auf.

Durch diese zusätzlichen Mechanismen wird nur wenig Sauerstoff zugeführt, aber Schildkröten benötigen auch weniger Sauerstoff als andere Tiere. Dies hängt weniger mit ihrer Aktivität (man sollte nicht glauben, daß Schildkröten lethargisch und langsam sind), als vielmehr mit der Funktionsweise ihres Körpers zusammen.

Physiologie

Unten: Verschiedene Kieferformen bei Schildkröten (von links nach rechts): südostasiatische Großkopfschildkröte (Platysternon megacephalum) *mit Papageienschnabel; fleischige Lippen bedecken die scharfen Hornschneiden einer Weichschildkröte* (Trionyx); *Ansitzjäger wie die Geierschildkröte* (Macroclemys temminckii) *besitzen Hakenschnäbel; Lederschildkröten* (Dermochelys coriacea) *besitzen zum Beutefang ebenfalls Hakenschnäbel; die Aldabra-Riesenschildkröte* (Megalochelys gigantea) *hat einen kurzen Schnabel mit breiten Kauleisten, um harte Pflanzenteile zu zerbeißen; Indische Dachschildkröte* (Kachuga tecta) *mit gezähnten Kiefernschneiden.*

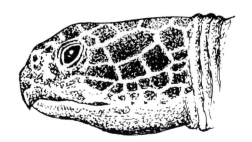
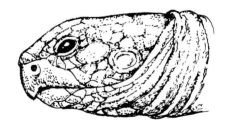

„Kaltblütigkeit"

Das Einsetzen der Atmung wird nach einem willkürlichen Anhalten der Luft bei den meisten Tieren sowie beim Menschen nicht durch Sauerstoffmangel, sondern durch das Ansteigen von Kohlendioxid in den Lungen ausgelöst. Schildkröten können hohe Kohlendioxidkonzentrationen tolerieren und lange Zeit überleben, ohne einzuatmen. Darüber hinaus wird beim Abtauchen von Wasserschildkröten der Herzschlag herabgesetzt und damit der Sauerstoffbedarf reduziert.

Manche Schildkröten sind sogar in der Lage, mehrere Tage unter Wasser zu verbringen, ohne auf normale Weise zu atmen. Der verstorbene Herpetologe Archie Carr, der sein halbes Leben dem Studium und der Erhaltung von Meeresschildkröten gewidmet hat, beschrieb eine Schildkröte, die 24 Tage in einem stickstoffgefüllten Becken überlebt hat.

Schildkröten und andere Reptilien (z. B. Schangen) werden als „Wechselwarme" *(Poikilotherme)* bezeichnet, da die Körpertemperatur mit der Außentemperatur wechselt. Wechselwarme praktizieren eine „Verhaltens-Temperaturkontrolle", d. h., sie setzen sich in Abhängigkeit von der Körpertemperatur der Wärme aus oder meiden sie.

Schildkröten tanken während des Sonnenbades viel Wärme auf; dies trifft sowohl auf Land- als auch auf Wasserschildkröten zu. Die verschiedenen Arten gedeihen bei unterschiedlichen Umgebungstemperaturen.

Für Schildkröten tropischer Regionen (vor allem des tropischen Regenwaldes mit nahezu konstanter Temperatur und Luftfeuchtigkeit) spielt die Umgebungstemperatur kaum eine Rolle,

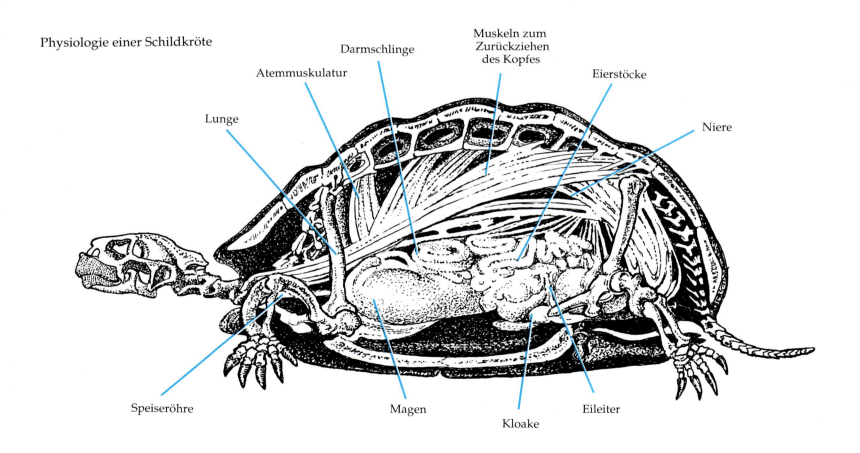

Physiologie einer Schildkröte

ganz im Gegensatz zu den Arten gemäßigter Gebiete. Wenn im Frühherbst die Temperaturen sinken, bereiten sich viele Schildkröten auf die Winterruhe (Hibernation) vor.

Viele Menschen glauben, daß Schildkröten aufgrund ihres Panzers ungeschickt sind und sich langsam und gemächlichen Schrittes fortbewegen. Der Panzer, der immerhin ein Drittel des Körpergewichts ausmacht, hat zwar großen Einfluß auf die Beweglichkeit der Tiere, aber dennoch sind Schildkröten lebhafte, ausdauernde Läufer und Schwimmer. Die fehlende Geschwindigkeit gleichen sie durch Beharrlichkeit und Geduld aus.

Fortbewegung

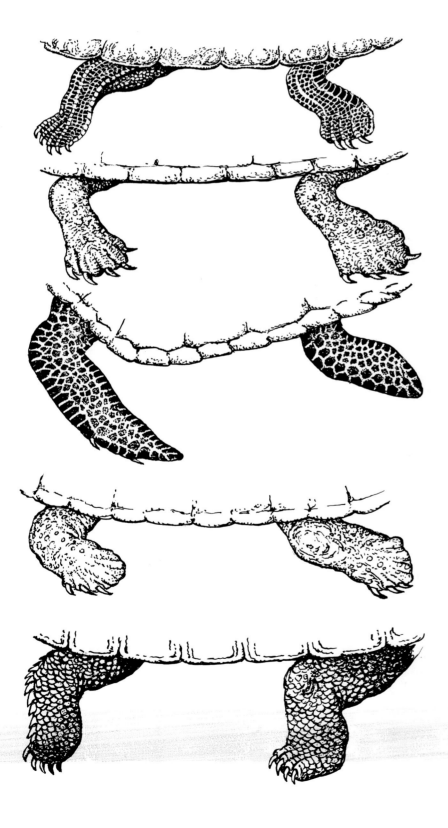

Beine und Füße der Schildkröten sind der Umgebung und Fortbewegungsart angepaßt (von oben nach unten): Wasserschildkröten (Clemmys) haben beschuppte Vorderfüße mit starken Krallen und hinten schwach ausgebildete Schwimmfüße; Flußschildkröten (Podocnemis) haben stärker entwickelte Schwimmfüße, mit denen sie gut schwimmen und an Land laufen können; die Vorderbeine der Meeresschildkröte (Cheloniidae) sind zu Flossen umgeformt und bewegen sich im Bruststil; Weichschildkröten (Trionychidae) haben Schwimmfüße mit nur drei Krallen; Landschildkröten (Testudinidae) benutzen ihren abgeflachten Vorderfuß zum Graben, der säulenförmige, kräftige Hinterfuß eignet sich gut zum Gehen.

Viele Schildkröten sind trotz ihres Panzers gute Kletterer. Diese Spaltenschildkröte (Malacochersus tornieri) *klettert gerade von einem Felsen herunter.*

Schildkröten bevölkern die Erde seit mehreren Millionen Jahren, und die verschiedenen Arten haben sich während dieser Zeit an die unterschiedlichsten Lebensräume angepaßt. Innerhalb der Schildkrötenfamilie hat sich fast ein halbes Dutzend Beinformen entwickelt.

Die Riesenschildkröten der Galapagos-Inseln wandern von der Küste zu den hohen Bergplateaus. Ihre Beine und ihr Panzer sind so stark, daß sie einen Menschen auf ihrem Rücken tragen könnten. Die Vorderbeine der Meeresschildkröten haben sich zu Flossen oder Paddeln umgebildet. Damit können sie sich schnell und anmutig im Wasser bewegen. Sumpfschildkröten sind sowohl an das Leben auf dem Land als auch im Wasser angepaßt – oft besitzen sie Schwimmfüße, die sich sowohl zum Laufen als auch zum Schwimmen eignen.

Schildkröten führen ihre Hauptaktivitäten – Futtersuche, Gefahrenvermeidung, Balz und Paarung – mit Hilfe verschiedener Sinnesleistungen aus.

Von besonderer Bedeutung sind Gesichts- und Geruchssinn, da beide für die Nahrungsbeschaffung unerläßlich sind. Die meisten Schildkröten besitzen ein sehr gutes Sehvermögen. Die Fernsicht und die Fähigkeit, verschiedene Formen zu erkennen, sind selbst unter Wasser gut ausgeprägt.

Verschiedene Experimente haben gezeigt, daß Schildkröten sowohl unterschiedlich breite Linien als auch einige Farben (rot, gelb, grün, blau und violett) differenzieren können. Im Rotbereich des Spektrums ist die Farbtüchtigkeit stärker entwickelt.

Die Augen werden von dicken, beweglichen Augenlidern geschützt und besitzen große Tränendrüsen. Das letzte Merkmal fällt besonders bei Meeresschildkröten auf, die während der Eiablage „weinen". Volkssagen berichten hierzu, daß die Tiere Schmerzen empfinden oder über den Verlust der Eier trauern.

In der Netzhaut der Wasserschildkröten liegt eine Schicht gelborangener Fettkugeln, durch die das Sehen in einer trüben Umwelt erleichtert wird. Damit können Wasserschildkröten selbst in trüben Gewässern Nahrung erkennen.

Neben dem Gesichtssinn spielt bei der Nahrungssuche der Geruchssinn eine bedeutende Rolle. Der Geruchssinn ist hochentwickelt und zählt wahrscheinlich zu den wirkungsvollsten Wahrnehmungsleistungen der Schildkröten: Die Tiere beschnuppern ihre Nahrung ausgiebig und lassen sich durch den Geruch reifer Früchte auch über weitere Entfernungen anlocken. Als Geruchsorgan dient vor allem die Nasenhöhle.

Nicht nur die Landschildkröten, sondern auch die Wasserschildkröten sind in der Lage, Artgenossen durch Beriechen der Analregion zu erkennen und zu unterscheiden, denn in dieser Region befinden sich Duftdrüsen, die art- und geschlechtsspezifische Duftstoffe absondern.

Weibliche Schildkröten finden wahrscheinlich mit Hilfe von Tast- und Geruchssinn ihre Nistplätze wieder. Manche Forscher vermuten, daß sich der Geruch des Sandes wie ein Abdruck im Gedächtnis frisch geschlüpfter weiblicher Schildkröten festsetzt. Basierend auf diesem Erinnerungsvermögen finden die erwachsenen Meeresschildkröten sicher an ihren Geburtsort zurück.

Schildkröten hören nicht besonders gut, zumindest können sie nur schwer verschiedene Tonqualitäten voneinander unterscheiden. Die Tiere besitzen gut entwickelte Ohren, die oft von einer oder mehreren Schuppen verdeckt und deshalb nur schwer zu lokalisieren sind.

Mit Hilfe eines seismischen Sinnes nehmen Schildkröten Bodenerschütterungen tiefer Frequenzen wahr. Vermutlich können sie sogar die genaue Entfernung zur Quelle bestimmen und differenzieren, ob diese Erschütterungen eine Gefahr für sie darstellen oder nicht.

Sinnesleistungen und Wahrnehmung

Schmuckschildkröten: junge Falsche Landkartenschildkröte (Graptemys pseudogeographica) *aus Zentralamerika (oben). Die Florida-Schmuckschildkröte* (Pseudemys floridana) *ist im Süden der USA beheimatet (unten).*

Oben: Galapagos-Riesenschildkröte (Testudo elephantopus). Dieser Art wurde bis 1930 wegen ihres Öls nachgestellt.

Links: Die Rotwangen-Schmuckschildkröte (Pseudemys scripta elegans) zählt weltweit zu den beliebtesten Heimtierarten.

Schildkröten sind grundsätzlich stumm, abgesehen davon, daß männliche Landschildkröten während der Paarung in höchster Erregung piepsende oder stöhnende Laute von sich geben.

Viele Schildkröten weisen einen ausgeprägten Tastsinn auf. Es gehört z. B. zum Balzritual einiger männlicher Schmuckschildkrötenarten, daß sie das Gesicht des weiblichen Tieres während des Schwimmens sanft mit ihren langen Krallen „streicheln".

Die weiblichen Tiere sind in der Lage, bei der Eiablage ein wohlproportioniertes Loch zu graben und die Eier darin abzulegen, ohne auch nur einen Blick darauf zu werfen – sie verlassen sich dabei völlig auf ihren Tastsinn.

In sauberem und gesundem Zustand weisen Schildkröten normalerweise keinen spezifischen Körpergeruch auf. Moschusschildkröten sondern jedoch bei drohender Gefahr übel riechende Duftstoffe – schlimmer noch als die eines Stinktiers – ab.

Diese Eigenschaft hat den Tieren in ihrer Heimat (Amerika) die Bezeichnung *stinkpots* („Stinkender Topf" oder „Stinkender Jim") eingebracht. Werden diese Arten als Haustiere gehalten, stellen sie das Absondern der Duftstoffe erst ein, wenn sie sich eingewöhnt haben.

Das Gehirn der Schildkröten ist zwar klein, aber relativ hoch entwickelt. Schildkröten können erstaunliche Leistungen vollbringen; sie besitzen z. B. ein beachtliches Orientierungs- und Erinnerungsvermögen. Sie sind imstande zu lernen und entwickeln – zumindest in menschlicher Obhut – einen erstaunlichen Sinn für regelmäßige Fütterungszeiten. Es kursieren Anekdoten über Tiere, die zur Fütterungszeit neben dem Kühlschrank warteten oder im Zoo die genauen Fütterungszeiten kannten.

Experimente haben gezeigt, daß Schildkröten ziemlich schnell aus einem einfachen Labyrinth herausfinden, auch wenn ihnen die Fähigkeit fehlt, problemlösend zu handeln. Der Versuch, eine Schildkröte wie einen Hund auf die Befehle „Fuß", „Platz" oder „Sitz" abzurichten, hat sich allerdings als ein sinnloses Unterfangen erwiesen.

Zur Intelligenz der Schildkröten hat sich der amerikanische Zoologe Henry Beston treffend geäußert: „Man sollte Tiere niemals mit den Menschen vergleichen. Sie bewegen sich vollendet und vollkommen in einer Welt, die älter und vollständiger als unsere Welt ist. Sie sind mit Sinnen ausgestattet, die wir verloren oder nie besessen haben, sie geben Laute von sich, die wir niemals hören werden. Sie sind keine Brüder und auch keine Untergebenen; sie sind ein anderes Volk, das zusammen mit uns im Netz von Leben und Zeit gefangen ist, Mitgefangene der Herrlichkeit und der Pein der Erde."

Geschlechtsreife und Sexualdimorphismus

Die Tatsache, daß Schildkröten die Geschlechtsreife in verschiedenem Alter erreichen, erschwert das Verständnis ihrer Sexualität. Der Zeitpunkt der Geschlechtsreife ist nicht nur von der Art abhängig, sondern kann auch innerhalb einer Art beträchlichen Schwankungen unterworfen sein.

So erreichen z. B. männliche Moschusschildkröten die Geschlechtsreife bereits im Alter von drei oder vier Jahren, während weibliche Tiere erst mit neun oder zehn Jahren geschlechtsreif sind. Bei männlichen und weiblichen Gopherschildkröten tritt die Geschlechtsreife erst nach 15 bis 20 Jahren ein.

Da sich die Sexualorgane im Inneren der Schildkröten (innerhalb der Kloake) befinden, lassen sich männliche und weibliche Tiere nur schwer auseinanderhalten, insbesondere dann, wenn sie keine unterschiedlichen sekundären Geschlechtsmerkmale aufweisen. Vor allem unter den Schnapp- und Landschildkröten befinden sich einige Arten, deren Geschlecht nur schwer zu bestimmen ist.

Im allgemeinen kann man zur Unterscheidung männlicher und weiblicher Tiere folgende Merkmale heranziehen, wobei nicht alle Merkmale gleichzeitig auf eine Art zutreffen: Der Bauchpanzer ist bei weiblichen Tieren flach, bei männlichen Tieren weist er oft eine Einbuchtung in der Mitte auf. Dies erleichtert dem Männchen das Aufreiten auf den Rückenpanzer des Weibchens. Gleichzeitig hat es während der Kopulation einen

Kopulierende Galapagos-Riesenschildkröten (Testudo elephantopus). *Die verschiedenen Arten haben unterschiedliche, artspezifische Balz- und Paarungsrituale.*

besseren Halt. Der Rückenpanzer weiblicher Tiere ist meist stärker gekrümmt und höher als der des Männchens.

Männliche Schildkröten besitzen meist längere und breitere Schwänze als weibliche Tiere. Die Kloake befindet sich bei weiblichen Tieren näher an der Schwanzwurzel, bei männlichen Tieren hinter dem Panzerrand in Richtung Schwanzende. Manche männlichen Schildkröten besitzen am Schwanzende einen starken Sporn, mit dem sie sich während der Kopulation unter dem weiblichen Rückenpanzer verankern können.

Die Größe der Tiere ist kein eindeutiges Unterscheidungsmerkmal. Bei vielen Arten werden beide Geschlechter gleich groß, bei Geier- und einigen Riesenschildkröten wird das Männchen bedeutend größer. Viele weibliche Zierschildkröten können bis auf die doppelte Größe der Männchen heranwachsen; auch männliche Diamantschildkröten sind in der Regel wesentlich kleiner als die Weibchen.

Die Farbe des Panzers kann ebenso ein Merkmal zur Geschlechtsbestimmung sein. Im allgemeinen sind meist die männlichen Tiere – z. B. bei Vögeln – auffälliger gefärbt. Auch bei den Schildkröten kann die Panzerfärbung des Männchens kontrastreicher sein, normalerweise bestehen jedoch keine auffälligen Unterschiede.

Balzverhalten und Paarung

Balz und Paarung beginnen bei den meisten Arten im Frühjahr. Das Sperma der männlichen Tiere wurde im Vorjahr erzeugt und in den Nebenhoden abgelagert. Die Tiere gemäßigter Klimazonen sind von April bis Oktober aktiv, die Paarungszeit beginnt nach der Winterruhe. Die Eier müssen vor dem Wintereinbruch entwickelt und ausgebrütet sein. In tropischem Feuchtklima, in dem die Tiere das ganze Jahr hindurch aktiv sind, beginnt die Paarungszeit mit der Regenperiode.

Gleichzeitig setzt bei den Weibchen gegen Ende des Jahres das Follikelwachstum ein, im Mai oder Juni des darauffolgenden Jahres erfolgt die Ovulation der Eizellen. Zu diesem Zeitpunkt haben bereits 70 bis 90 Prozent der Eier ihre endgültige Größe erreicht.

Meist verbleiben die Weibchen während der Paarungszeit an ihren Standorten und werden von den männlichen Tiere aufgesucht. Manche Landschildkröten legen auf der Suche nach einem Partner mehrere Kilometer, Meeresschildkröten sogar noch längere Strecken zurück.

Männliche Tiere erkennen artgleiche Weibchen durch Sichtkontakt. Das Männchen erkennt durch Beriechen der Analregion und das „Inhalieren" der abgesonderten Duftstoffe, ob es die richtige Wahl getroffen hat.

Der Kopulation geht stets die Balz voraus, die Balzrituale unterscheiden sich jedoch zwischen den einzelnen Arten. Wenn während der Balz Männchen aufeinandertreffen, können ritualisierte, unblutige „Turnierkämpfe" entbrennen. Die Tiere greifen sich mit eingezogenen Köpfen an und versetzen dem Gegner Rammstöße in die Seite.

Männliche Gopherschildkröten haben zu diesem Zweck durch verlängerte Gularschilder (Teil des Bauchpanzers unterhalb des Halses) regelrechte Rammsporne entwickelt, die sie wie einen Hebel benutzen. Ziel des Kampfes ist es, den Sporn unter den Panzer des Gegners zu schieben und ihn auf den Rücken zu werfen. Der Nebenbuhler ist somit für kurze Zeit vom Paarungsgeschehen ausgeschlossen. Diese Kämpfe sind ritualisiert und führen nur selten zu ernsthaften Verletzungen.

Manche Wasserschildkröten drohen sich gegenseitig durch Zischen und weites Aufreißen der Kiefer. Wenn diese Drohgebärden keine abschreckende Wirkung zeigen, fügen sich die Tiere ernsthafte Verletzungen zu, bis einer der Gegner aufgibt oder die Flucht ergreift.

Die meisten männliche Schildkröten gehen mit ihrer „Braut" nicht gerade zärtlich um. Manche Arten versetzen den Weib-

chen Rammstöße mit dem Panzer, andere beißen ständig nach den Vorderbeinen und dem Kopf des weiblichen Tieres. Durch dieses Balzspiel wird das Tier veranlaßt, Kopf und Vorderbeine einzuziehen, wodurch gleichzeitig die Analregion herausgedrückt und besser zugänglich wird.

Manche Dosen- und Waldbachschildkröten führen einen regelrechten „Hochzeitstanz" auf. Die Tiere nähern sich mit den Köpfen bis auf wenige Zentimeter und führen rhythmische Pendelbewegungen aus, die über eine Stunde dauern können. Eine abgewandelte Form dieses Balzrituals besteht darin, daß das Männchen das Weibchen umkreist.

Im Gegensatz zu den Balzritualen verläuft die Kopulation wesentlich einheitlicher: Das Männchen reitet von hinten auf das Weibchen auf, krümmt den Schwanz nach unten und führt den Penis (der durch Blutzufuhr stark anschwillt und aus der

Die Gopherschildkröte (Gopherus polyphemus) *ist im Süden der USA und im nördlichen Mexiko beheimatet. Ihre großen abgeflachten Vorderbeine eignen sich gut zum Graben. Auf der Fotografie ist der Rammsporn gut zu erkennen, der bei den Turnierkämpfen eingesetzt wird.*

Diese Schnappschildkröte (Chelydra serpentina) *hat gerade eine Eigrube gegraben und ihre Eier darin abgelegt. Die Jungen schlüpfen nach etwa 100 Tagen.*

Rechts: Eiablage einer Unechten Karettschildkröte (Caretta caretta)

Rechts außen: Diese Abbildung veranschaulicht den Vorgang der Eiablage. Die Eier werden mit den Hinterbeinen aufgefangen und vorsichtig am Boden der Grube plaziert.

Kloake hervortritt) in die Kloake des Weibchens ein. Wasserschildkröten sowie viele Sumpfschildkröten paaren sich im Wasser, Landschildkröten an Land oder im Wasser.

Im Gegensatz zu Säugetieren und Vögeln (und sogar zu manchen Eidechsen und Schlangen) haben Schildkröten keine festen Partnerbindungen. Um die Befruchtung zu sichern, lassen sich paarungsbereite Weibchen von mehreren Männchen begatten. Die Spermien können in der Schleimhaut der Eileiter gespeichert werden und noch nach Jahren die Ablage befruchteter Eier ermöglichen.

Die Männchen einiger Schildkrötenarten halten sich mit den Krallen der Vorderbeine am weiblichen Rückenpanzers fest. Die männlichen Tiere mancher Langhalsschildkrötenarten können sich mit ihren Krallen am Rückenpanzer regelrecht verankern. Aufgrund des hohen, kuppelförmigen Panzers der weiblichen Dosenschildkröten kann es vorkommen, daß das Männchen während der Kopulation nach hinten umkippt. Das kann für das Tier den Tod bedeuten, wenn es ihm nicht gelingt, sich umzudrehen.

Anlage der Nistgrube und Eiablage

Nach der Paarung suchen die Weibchen eine geeignete Stelle zur Eiablage. Meeresschildkröten legen manchmal große Entfernungen zurück (bis zu 2000 km), um an einen bestimmten Strand zu gelangen. Landschildkröten legen ihre Nistgruben in Erde, Sand oder verrotteten Pflanzenstoffen an.

Das Graben erfolgt bei allen Schildkröten auf die gleiche Weise: Die Tiere graben mit den Hinterbeinen eine Eikammer

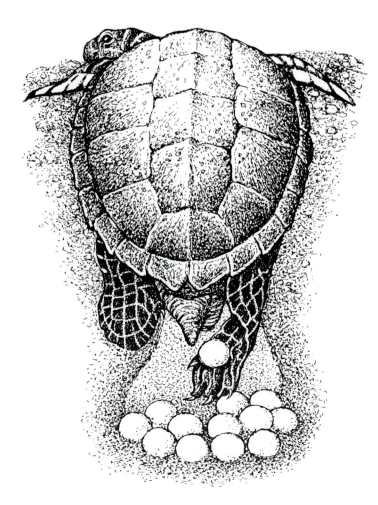

Das Ei einer Dosenschildkröte (Terrapene) *erscheint gerade am Kloakenspalt.*

aus, die etwa so tief wie ihre ausgestreckten Hinterbeine ist. Anschließend werden die Eier aus der Kloake gepreßt und in der Kammer plaziert, wobei das Tier die Eier abwechselnd mit einem ihrer Hinterbeine auffängt und behutsam auf den Boden gleiten läßt. Süßwasserschildkröten können die Erde mit der Feuchtigkeit, die sie aus ihren Darmanhangsblasen abgeben, aufweichen.

Manche Schildkrötenarten ordnen die Eier nach der Ablage in der Grube an, anschließend wird die Grube mit der ausgehobenen Erde verschlossen und mit Halmen, Laub oder Zweigen getarnt. Nach der Eiablage ist die Sorge um den Nachwuchs beendet.

Das Schildkrötenei

Schildkröteneier sind in der Regel weiß; Größe, Gestalt, Anzahl, Beschaffenheit und Zeitigungsdauer sind bei den einzelnen Arten jedoch sehr unterschiedlich.

Die Größe der Eier variiert in Abhängigkeit von der Größe der ausgewachsenen Tiere. Die kleinsten Eier haben einen Durchmesser von weniger als 3 cm, die größten weisen einen Durchmesser von etwa 8 cm auf.

Ein Gelege enthält meist zwei bis 20 Eier. Große Meeresschildkröten können jedoch bis etwa 100 Eier pro Legevorgang absetzen.

Der Umfang eines Geleges wächst normalerweise mit dem Alter des Weibchens. Bemerkenswert ist das Verhalten der Arrauschildkröten, die große Mengen von Eiern in Massengelegen ablegen.

Die Formen der Eier variieren stark. Sie können kugelrund wie Tennisbälle (z. B. bei Meeresschildkröten, Weichschildkröten), oval oder walzenförmig (besonders bei manchen Süßwasser- und Sumpfschildkröten) sein.

Im allgemeinen legen Schildkröten mit hohen Reproduktionsraten (Meeres-, Fluß- und andere große Schildkröten) weichschalige, lederne Eier; Schildkröten mit niedrigen Raten legen eher hartschalige Eier. Daneben haben auch Eier mit hoher Zeitigungsdauer (typisch für Landschildkröten heißer, trockener Gebiete) in der Regel dicke Schalen. Die Zeitigungsdauer, d. h. die Zeit zwischen Eiablage und Schlupf, ist großen Schwankungen unterworfen.

Das Schildkrötenei existiert in unveränderter Form schon länger als 100 Millionen Jahre und dient der Ernährung und dem Schutz des Schildkrötenembryos.

Das Ei setzt sich aus mehreren wichtigen Bestandteilen zusammen. Der Embryo befindet sich in der Mitte des Eis und ist über die Nabelschnur mit dem gelben Dottersack, seinem „Nährstoffdepot", verbunden. Die Nährstoffe (Zucker, Stärke, Fette und Proteine) werden dem Embryo über Blutgefäße in den Außenwänden des Dottersackes zugeführt. (Schildkröteneier bestehen zu 55 Prozent aus Dottersack, Hühnereier nur zu 33 Prozent.)

Das Amnion umgibt Embryo und Dottersack, die flüssigkeitsgefüllte Amnionhöhle schützt den Embryo vor Erschütterungen und Verunreinigungen. Schädigende Stoffwechselprodukte, die während des embryonalen Wachstums anfallen, werden in einem speziellen Speicher abgelagert.

Das Innere des Eis

Schnappschildkröte (Chelydra serpentina) *bei der Eiablage*
Umseitig: Schnappschildkröte beim Graben der Eikammer

Typische Zeitigungsdauern

Tage,	Arten
60	Waldbachschildkröten, viele Diamantschildkröten, Europäische Sumpfschildkröte
90	Schnappschildkröten, Höcker-Schmuckschildkröten, Zierschildkröten
150	Australische Schlangenhalsschildkröte, Gopherschildkröten, Galapagos-Riesenschildkröten
250	Flachschildkröten

365 und mehr Riesen-Schlangenhalsschildkröte
Den Rekord hält die Pantherschildkröte mit 644 Tagen.

Die Exkrete des Embryos werden in unlösliche Harnsäure umgewandelt und in einem speziellen Sekretspeicher (Allantois) abgelagert. Während des Wachstums des Embryos schrumpft der Dottersack; mit der Zunahme der Exkrete vergrößert sich gleichzeitig die Allantois. Sie erfüllt zusätzlich die Aufgaben eines Atmungsorgans, das den Embryo mit Sauerstoff versorgt und Kohlendioxid abtransportiert.

Allantois, Amnionhöhle, Dottersack und Embryo sind von einer abschließenden Embryonalhülle, dem Chorion, umgeben. Diese feste, elastische Membran liegt dicht an der Eihülle an und enthält Eiweiß (40 Prozent bei Eiern von Meeresschildkröten, 56 Prozent bei Hühnereiern). Über das Chorion wird der Embryo mit Wasser und zusätzlichen Nährstoffen versorgt.

Bei Meeresschildkröten macht die Eischale nur fünf Prozent des Gesamtgewichtes aus, bei Hühnern hingegen elf Prozent. Diese Zahlenangaben weisen darauf hin, daß die Schale von Schildkröteneiern dünner und durchlässiger sein muß, um den erforderlichen Gas- und Feuchtigkeitsaustausch ins Innere zu ermöglichen.

Geschlechtsdifferenzierung und frühes Wachstum

Beobachtungen an freilebenden und in Gefangenschaft lebenden Tieren haben ergeben, daß das Verhältnis von männlichen zu weiblichen Schildkröten innerhalb einer Art beträchtlich schwanken kann.

So wies beispielsweise eine freilebende Population von 70 Diamantschildkröten 81 Prozent männliche Tiere auf; im Gegensatz dazu wurden in einer in Gefangenschaft lebenden Population von 1300 Tieren der gleichen Art nur 19 Prozent männliche Tiere registriert.

Untersuchungen haben gezeigt, daß die Bruttemperatur bei der Geschlechtsdifferenzierung eine Rolle spielt. Durch Studien an Schnapp-, Wasser-, Gopher-, Moschus- und Schlammschildkröten wurde ermittelt, daß die geschlüpften Tiere ausschließlich oder vorwiegend einem Geschlecht angehörten, wenn die Bruttemperaturen höher oder niedriger als das Temperaturoptimum lagen.

Werden die Eier bestimmter Arten bei einem Temperaturminimum von 27 °C bebrütet, schlüpfen überwiegend männliche Tiere, während das Bebrüten bei einem Temperaturmaximum von 34 °C zumeist weibliche Tiere liefert. Dieses temperaturabhängige Prinzip der Geschlechtsdifferenzierung trifft auf alle Schildkrötenarten zu, das Ergebnis ist jedoch bei manchen Arten genau umgekehrt. Zur kritischen Phase zählt das erste Drittel der Brutzeit, da je nach vorherrschender Temperatur entweder männliche oder weibliche Geschlechtsorgane angelegt werden, spätere Schwankungen bleiben unwirksam.

Schlupf von Gopherschildkröten (Gopherus polyphemus).
Der Vorgang kann mehrere Stunden oder Tage dauern.

Auch der Entwicklung des Panzers kommt während der frühen Embryonalentwicklung eine bedeutende Rolle zu. Anfangs ist er nur als kleine Erhebung auf dem Rücken des Embryos zu erkennen. Diese Anlage dehnt sich allmählich in alle Richtungen aus und bewirkt ein gerades Wachstum entlang seiner Konturen. Parallel zur Entwicklung des Panzers erfolgt das reptilienspezifische Wachstum in die Breite und weniger in die Höhe.

Die Brutzeit der Eier hängt neben genetischen Faktoren und der Temperatur noch von anderen äußeren Faktoren, wie Luftfeuchtigkeit und Bodenfeuchtigkeit der Nistgrube, ab.

Wenn man von einer Zeitigungsdauer von 140 Tagen ausgeht, kann man sich die Embryonalentwicklung folgendermaßen vorstellen: Der vier Wochen alte Embryo weist bereits Tierform auf; mit sechs Wochen sind Schwanz und Beine ausgebildet, die Augen sind zu erkennen; mit acht Wochen kann man bereits deutlich den Panzer ausmachen. Mit 12 Wochen ist der Panzer das vorherrschende Körperteil, er ist in Schilder unterteilt und beginnt sich langsam zu färben; Finger und Zehen sind ausgebildet. Nach 19 Wochen ist das Schildkrötenbaby völlig entwickelt, besitzt Krallen und einen Kopf, der unproportional groß ist – jetzt ist es schlupfreif.

Schlupf

Wenn der Embryo zu voller Größe ausgewachsen ist, wird das Ei zum Gefängnis, aus dem er sich befreien muß. Die Eischale wird mit Hilfe eines „Eizahnes", einem scharfen, hornigen Gebilde unterhalb der Nasenlöcher, geöffnet. Das junge Tier ritzt die Schale mit dem Eizahn an und streift sie mit den Vorderbeinen vom Körper. Der Eizahn fällt später ab.

Da alle Eier eines Geleges den gleichen Bedingungen ausgesetzt sind, entwickeln sich alle Tiere mit annähernd gleicher Geschwindigkeit. Der Schlupf erfolgt daher innerhalb eines Geleges meist zur gleichen Zeit.

Die Schlupfzeit beträgt mehrere Stunden oder sogar Tage. Bei niedrigen Außentemperaturen können die kleinen Schildkröten in ihren Eiern überwintern und erst im darauffolgenden Frühjahr schlüpfen.

Der Herpetologe Archie Carr berichtete, daß junge Schildkröten den Nistplatz nur selten alleine verlassen. Untersuchungen an isolierten Eiern haben gezeigt, daß nur sehr wenige Schildkröten – vielleicht ein Drittel – alleine losziehen, der Rest geht zugrunde.

In einem Gelege mit mehreren Eiern bleiben die Tiere solange am Nistplatz, bis etwa ein Dutzend Schildkröten geschlüpft sind. Darauf folgen – um mit den Worten Carrs zu sprechen – Handlungen einer „einfachen, kooperativen Bruderschaft"; die frisch geschlüpften Schildkröten graben sich gemeinsam einen Ausgang aus ihrem Nest und drängen ungeduldig an die Oberfläche.

Nach dem Verlassen des Nestes beginnt für manche Arten eine schwierige Zeit. Frisch geschlüpfte Meeresschildkröten sind keineswegs um ihre Lage zu beneiden: Hundert oder mehr winzige, nur wenige Zentimeter große Schildkröten drängen aus ihrem sandigen Nest und spüren instinktiv, daß sie so schnell wie möglich zum Meer kriechen müssen – und aus bis-

Viele Schildkröten erreichen die Schlupfreife nicht. Jedes Jahr werden unzählige Gelege von Tieren und Menschen zerstört.

lang ungeklärten Gründen wissen sie, in welcher Richtung sich das Meer befindet.

Was erwartet die Schlüpflinge nun? Wie Carr berichtet, „scheint die ganze Welt gegen die frisch geschlüpften Schildkröten zu sein, sowohl während der Flucht zum Meer als auch eine gewisse Zeit im Meer."

Abgesehen vom Menschen zählen Hunde, Bussarde, Stinktiere, Falken, Opossums, Wildschweine und Kojoten zu den wesentlichen Feinden. Viele dieser Tiere scheinen ganz genau zu wissen, wo sich Schildkröteneier befinden und wann die Tiere schlüpfen.

In den meisten Fällen erreicht nur ein geringer Bruchteil der Tiere das Meer – vielleicht zehn von 100 geschlüpften Tieren. Aber selbst diejenigen, die es bis zum Meer schaffen, fallen in den ersten Wochen und Monaten sehr oft Möwen, Großfischen und anderen Feinden zum Opfer, denn die Schlüpflinge stellen mit ihren weichen Panzern eine leichte Beute für ihre Feinde dar.

Tragischerweise werden viele Nester zerstört, bevor die Tiere schlupfreif sind. Da Meeresschildkröten zur Eiablage immer an die gleichen Strände zurückkehren, sind die Plätze den Menschen oder anderen Feinden bestens bekannt. Die Eier werden gegessen oder zur Extraktion von Öl verwendet.

Doch nicht nur die Nistplätze der Meeresschildkröten sind von diesen Plünderungen betroffen. Studien über Schnappschildkröten haben ergeben, daß die Hälfte bis drei Viertel aller Gelege regelmäßig zerstört werden – von Menschen oder anderen Säugetieren, wie Waschbären, Opossums, Hunden, Wildkatzen oder Bären.

Über das erste Lebensjahr der jungen Schildkröten in freier Natur ist nur sehr wenig bekannt: Sie verschwinden einfach von der Bildfläche. Man weiß, daß sie im Notfall Wochen oder sogar Monate ohne Nahrung überleben können. Die meisten Schildkröten (Meeres-, Sumpf-, Landschildkröten) tauchen erst wieder auf, wenn sie ein Jahr oder älter sind.

Die meisten Untersuchungsergebnisse liegen über erwachsene Schildkröten vor; sie bestätigen alle das Fehlen jugendlicher und heranwachsender Tiere unter erwachsenen Populationen. Dies könnte bedeuten, daß die Jungtiere an anderen Standorten leben als die erwachsenen Tiere – vielleicht bietet ihnen dies mehr Schutz.

Eine junge Schildkörte, die kurz nachdem dieses Foto entstand, starb.

Wachstum

Die Wachstums- und Entwicklungsgeschwindigkeit der Schildkröten läßt sich nicht verallgemeinern. Geschlechtreife und endgültige Größe variieren bei den einzelnen Arten.

Kleinere Arten sind in der Regel am schnellsten ausgewachsen und geschlechtsreif. Männliche Sumpfschildkröten werden mit zwei bis fünf Jahren, Schnappschildkröten mit sechs bis acht Jahren geschlechtsreif, gleichzeitig nehmen sie bis zum zehnten Lebensjahr noch an Größe zu. Dosenschildkröten wachsen bis zum 20. Lebensjahr.

Es existieren genaue Aufzeichnungen über Größe und Gewicht vieler Arten, dennoch ist es schwierig, diese einem speziellen Alter zuzuordnen, da nur von sehr wenigen Exemplaren die Lebensgeschichte seit ihrer Geburt dokumentiert ist.

Junge Schildkröten sehen wie erwachsene Schildkröten aus, was im allgemeinen bei allen Reptilien zutrifft. Kurz nach dem Schlüpfen fallen jedoch zwei Unterschiede an den Jungtieren auf. In der Mitte des Bauchpanzers haben sie eine Narbe, die an den Bauchnabel des Menschen erinnert und im ersten Lebensjahr verschwindet. Im Gegensatz zu erwachsenen Tieren weisen sie eine andere Färbung und andere Körperproportionen auf.

Die gekrümmten Panzer junger Spaltenschildkröten z. B. werden im Erwachsenenalter flach. Die Panzer mancher Meeresschildkröten, wie z. B. der Bastardschildkröten, werden während des Wachstum immer breiter, sie können bei manchen Tieren sogar breiter als lang sein. Junge Lederschildkröten wei-

Galapagos-Riesenschildkröten (Testudo elephantopus) zählen zur langlebigsten Schildkrötenart – manche Exemplare sind über 150 Jahre alt geworden.

sen auf dem Panzer ein Mosaikmuster auf, das mit zunehmendem Alter verschwindet.

Das Wachstum des Panzers geht von einer Zellschicht aus, die zwischen den beiden Schichten des Rückenpanzers liegt. Das Wachstum erfolgt von der Mitte der einzelnen Platten oder Schilder nach außen. Wenn man die Platten genau betrachtet, kann man „Jahresringe" erkennen, die wie bei den Bäumen die verschiedenen Wachstumsphasen darstellen. Mit zunehmendem Alter der Schildkröte werden diese Ringe weicher und unauffälliger.

Bei manchen Landschildkröten verändert sich im Alter die Form des Panzers. Die weichen Randschilder vieler Arten werden allmählich wellig und biegen sich nach oben auf. Ältere Zierschildkröten weisen tiefe Längsfurchen zwischen benachbarten Rückenschildern auf und auch die „Buckel" oder „Sättel" der Riesenschildkröten entwickeln sich erst mit zunehmendem Alter.

Verhaltensänderungen

Schildkröten werden vom Schlüpfen bis zum Tod normalerweise vom Instinkt geleitet. Junge Schildkröten kennen ihre Mutter nicht und verlassen sich mehr auf ihren Instinkt als auf ihren Intellekt, um zu überleben, auch wenn sie in der Lage sind zu lernen.

Man hat beobachtet, daß sich Tiere in Gefangenschaft einer einfachen Hierarchie unterordnen, obwohl die Tiere – von Balz und Paarung abgesehen – normalerweise keine Bindungen zu anderen Artgenossen haben. Es ist nicht bekannt, ob sie sich untereinander verständigen oder gegenseitig zur Kenntnis nehmen.

Langlebigkeit

Neben dem Panzer ist die Langlebigkeit für die meisten Menschen das faszinierendste Merkmal der Schildkröten. Es ist richtig, daß viele Arten in einem geeigneten Habitat und unter günstigen Bedingungen sehr alt werden können.

Über das Lebensalter der Schildkröten ist nur sehr wenig bekannt. Archie Carr äußert sich im *Handbook of Turtles* folgendermaßen: „Die einzig zuverlässige Möglichkeit, eine Vorstellung vom Alter der Schildkröten zu bekommen, besteht im Zusammenleben mit ihnen – dies kann jedoch äußerst eintönig werden."

Die Lebensdauer der Schildkröten variiert etwa zwischen 20 Jahren (geschätzt, Zierschildkröte), 40 Jahren (belegt, Tropfenschildkröte), 50 Jahren (geschätzt, Waldbachschildkröte) und 100 Jahren (belegt, Dosenschildkröte).

Zur zweitgrößten Schildkrötenfamilie, den Landschildkröten, zählen einige besonders langlebige Arten: Europäische Landschildkröten können über 120 Jahre, Galapagos-Riesenschildkröten über 150 Jahre alt werden.

Im allgemeinen weisen größere, langsam wachsende Arten längere Lebensdauern auf, es ist jedoch nicht richtig, daß grundsätzlich alle Schildkröten lange leben.

SCHILD-KRÖTEN DER WELT

Kapitel 2

Herpetologen verwenden kein einheitliches Klassifikationssystem für Schildkröten. In der Literatur werden sechs verschiedene Klassifikationsformen, die sich zum Teil überschneiden, unterschieden. Diese Systeme unterteilen diverse Schildkrötengruppen, denen eine Reihe von Kategorien zugrundegelegt ist: Ordnung, Unterordnung, Familie, Gattung und Art. Die Einteilung in diesem Buch wurde grundlegender und einfacher vorgenommen.

Die meisten Schildkröten gehören der Unterordnung Halsberger (*Cryptodira*) an. Sie können ihre Halswirbelsäule in senkrechter Ebene S-förmig einkrümmen und ihren Kopf dabei geradlinig unter den Panzer ziehen.

Die Halsberger sind in zehn Familien unterteilt: Tabasco-Schildkröten (*Dermatemydidae*), Alligatorschildkröten (*Chelydridae*), Schlammschildkröten (*Kinosternidae*), Echte Weichschildkröten (*Trionychidae*), Papua-Weichschildkröte (*Carettochelyidae*), Sumpfschildkröten (*Emydidae*), Landschildkröten (*Testudinidae*), Meeresschildkröten (*Cheloniidae*), Lederschildkröten (*Dermochelyidae*), Großkopfschildkröten (*Platysternidae*).

Viele Familien haben gemeinsame, charakteristische Eigenschaften, aufgrund derer sie in diesem Buch in fünf Gruppen abgehandelt werden: Alligator- und Schlammschildkröten; Weichschildkröten; Sumpfschildkröten; Landschildkröten; Meeres- und Lederschildkröten.

Die zweite Unterordnung, die Halswender (*Pleurodira*), können ihren Kopf nicht oder nur unvollständig senkrecht unter den Panzer ziehen.

ALLIGATORSCHILDKRÖTEN

Alligatorschildkröten kommen nur in Amerika vor. Sie leben fast ausschließlich im Wasser, schwimmen aber kaum, sondern wandern ruhig am Boden der Gewässer umher und nehmen vorwiegend oder ausschließlich Fleischkost zu sich. Zur Familie der Alligatorschildkröten *(Chelydridae)* gehören zwei Gattungen: die Geierschildkröte *(Macroclemys temminckii)* und die Schnappschildkröte *(Chelydra serpentina)*. Nach alten Volkssagen sollen die Alligatorschildkröten durch die Paarung einer Schnappschildkröte mit einem Alligator entstanden sein.

GEIERSCHILDKRÖTEN

Die Geierschildkröte erreicht eine Größe von 75 cm und kann bis zu 100 kg wiegen. Auf dem Rückenpanzer besitzt sie drei auffällige Längsreihen aus Höckerkielen. Außerdem kennzeichnet sie ein fast panzerlanger Schwanz, mit einer Doppelreihe scharfer Grate, die etwas an den Schwanzkamm von Krokodilen erinnern.

Geierschildkröten kommen meist im Gebiet südlich des Mississippi, von Kansas, Missouri, Illinois und Iowa bis südlich des Golfes von Mexiko vor. Im Westen sind sie in Teilen von Texas und Oklahoma, im Osten in Kentucky, Tennessee, Alabama, Georgia und Florida verbreitet. Sie leben meist im tiefen Wasser von Flüssen, Kanälen und Seen.

Über die Lebensweise der Geierschildkröten ist nicht viel bekannt, man vermutet jedoch, daß sie nachtaktiv und relativ standorttreu sind. Sie bewegen sich nicht schwimmend vorwärts, sondern kriechen über den Grund. Sie ernähren sich größtenteils von Tieren. Lebende und tote Fische, Frösche, Schnecken, andere Schildkröten, Flußkrebse, Muscheln und Wasserpflanzen stehen auf ihrem Speisezettel.

Geierschildkröten verwenden eine der ungewöhnlichsten Fangmethoden im Tierreich: Sie liegen bewegungslos mit geöffnetem Kiefer auf dem Grund, perfekt getarnt durch ihren graubraunen, algenbedeckten Panzer. Auf der Zungenmitte liegt ein gespaltenes, bewegliches Gebilde, das wie ein sich schlängelnder, roter Wurm aussieht. Die Fische werden von diesem Köder angelockt und blitzschnell verschlungen, wenn sie sich am Hakenschnabel der Schildkröte verfangen.

Neben den Meeresschildkröten ist die Geierschildkröte die größte nordamerikanische Schildkröte und eine der größten Süßwasserarten der Welt. Die Augen der Geierschildkröte liegen an den Seiten des Kopfes und sind unmittelbar von oben nicht sichtbar. Weitere Körpermerkmale sind ein breiter Kopf, der nur wenig zurückgezogen werden kann; Kiefer, die einen hakenförmigen Schnabel bilden, der an den eines Greifvogels erinnert; große, massige Beine mit scharfen Krallen; ähnliches Aussehen von männlichen und weiblichen Tieren, wobei die Männchen wesentlich größer werden als die Weibchen und ein stark zurückgebildeter Bauchpanzer, der nur noch als kreuzförmige Spange vorhanden ist. Geierschildkröten unterscheiden

Die Geierschildkröte (Macroclemys temminckii) liegt bewegungslos, mit geöffnetem Kiefer am Grund von Flüssen, Teichen oder Seen und lockt mit einem wurmförmigen, zuckenden Gebilde auf der Zunge. Nimmt ein Fisch diesen Köder an, schließt sich der Kiefer blitzschnell.

Eine Geierschildkröte (Macroclemys temminckii) lauert auf Beute.

sich durch eine Besonderheit von allen anderen heutigen Schildkröten: Zwischen den Rippen- und Randschildern auf ihrem Rückenpanzer liegen einige weitere Schilder. Sie stellen vermutlich die Reste einer zusätzlichen Schilderreihe dar, die bei den urtümlichen Schildkröten voll ausgebildet waren.

Im Durchschnitt legen Geierschildkröten 25 Eier pro Gelege. Man vermutet, daß die Weibchen nicht jedes Jahr Eier ablegen und immer nur eine einzige Eigrube anlegen. Die Tiere werden in der Regel 50 Jahre alt, es sind aber auch ältere Exemplare bekannt.

Erwachsene Geierschildkröten haben außer dem Menschen keine natürlichen Feinde, jüngere Tiere fallen oft Alligatoren zum Opfer, die Gelege werden manchmal von Waschbären und Stinktieren zerstört. Im Süden der USA ist das Fleisch der Geierschildkröte sehr begehrt.

SCHNAPPSCHILDKRÖTEN

Die Schnappschildkröte ist weiter verbreitet als die Geierschildkröte. Man findet sie überall in den Vereinigten Staaten und im Süden Kanadas, im Süden Mexikos, in Mittelamerika und in einigen nördlichen Gebieten Südamerikas.

Schnappschildkröten leben in Gewässern mit sumpfigem oder schlammigem Grund. Sie sind überwiegend nachtaktiv; obwohl sie die meiste Zeit im Wasser verbringen, können sie an Land beträchtliche Strecken zurücklegen. Im Wasser bewegen sie sich meist kriechend am Grund vorwärts, sie sind aber auch gute Schwimmer.

Die Schnappschildkröten Nordamerikas graben sich im Winter in den schlammigen Boden ein und überwintern dort. Manche Tiere bewohnen einzeln oder in Gruppen versunkene Baumstämme oder verlassene Höhlen von

Bisamratten. Ab Oktober werden die Tiere inaktiv, zwischen März und Mai wachen sie allmählich aus ihrer Winterruhe auf. Gegen Frost ist diese Art wenig empfindlich – manche Tiere wurden sogar beim Kriechen auf und unter dem Eis beobachtet.

Die Schnappschildkröte ist ein Allesfresser, auf ihrem Speiseplan stehen vor allem Fische und Wasservögel; an Land greift sie sogar Schlangen an.

Wie die Geierschildkröte weist auch diese Art muskulöse Beine, Füße mit dicken, scharfen Krallen und einen langen Schwanz mit Höckerkielen auf. Schnappschildkröten sind kleiner als Geierschildkröten – sie erreichen etwa eine Größe von 40 cm –, ihr Panzer ist flacher, ihr Hals länger. Geierschildkröten kann man gefahrlos am Rückenpanzer hinter dem Kopf hochheben, eine Schnappschildkröte würde sofort blitzartig den Kopf wenden und zubeißen.

Man hebt Schnappschildkröten am besten an ihren Hinterbeinen hoch und hält dabei die Krallen weit vom eigenen Körper entfernt. Man darf Schildkröten niemals am Schwanz hochheben, denn das könnte dem Tier ernsthafte Verletzungen beibringen.

Die Weibchen legen mindestens einmal pro Jahr Eier ab, manchmal auch öfter. Der Rückenpanzer der Schnappschildkröte ist wie bei den Geierschildkröten unscheinbar gefärbt – olivgrün, dunkelbraun oder fast schwarz – und oft mit Algen bewachsen. Der kleinere Bauchpanzer ist gelbbraun gefärbt und weist keine Zeichnung auf.

Schnappschildkröten sind außerordentlich angriffslustig. „Sie greifen alles in ihrer Nähe mit der Geschwindigkeit und Kraft einer Klapperschlange an", kommentiert Archie Carr die Aggressivität dieser Tiere. Vor allem an Land erfolgt ihr Angriff derart kraftvoll, daß sich ihr Körper vom Boden abhebt und dabei nach vorne schnellt.

Im Wasser sind die Tiere weniger kampflustig und ergreifen bei Gefahr eher die Flucht. Schnappschildkröten werden in Gefangenschaft nie ganz

In 15 bis 20 Jahren wird dieser Schlüpfling ausgewachsen sein.

Oben: Chelydra serpentina osceola *ist eine Unterart der Schnappschildkröte.*

Rechts: Kopf einer erwachsenen Schnappschildkröte (Chelydra serpentina serpentina) *in Großaufnahme. Beeindruckend sind die großen, kräftigen Krallen.*

zahm und geben trotz ihrer Robustheit bedauernswerte Haustiere ab.

Carr berichtet, daß der Panzer von den Eingeborenen Amerikas zu zeremoniellen Zwecke verwendet wurde. Man kann die Tiere mit der Angel fangen, ihr Fleisch stellt in Nordamerika eine Delikatesse dar. Auch die Eier werden oft roh gegessen.

SCHLAMMSCHILDKRÖTEN

Die in Nord- und Mittelamerika beheimatete Familie der Schlammschildkröten *(Kinosternidae)* weist kleine, süßwasserbewohnende Arten auf. Insgesamt gehören dieser Familie etwa 20 bis 25 Arten an. Weit verbreitet sind zwei Gattungen: die Klappschildkröte *(Kinosternon)* und die Moschusschildkröte *(Sternotherus)*.

Fast alle Klapp- und Moschusschildkröten sind klein und besitzen einen zehn bis 18 cm langen Rückenpanzer und einen kurzen Schwanz. Alle Arten tragen auf der Kehle zwei Paare mitunter sehr kleiner Barteln. Ihr Bauchpanzer weist zwei Quergelenke auf, die das völlige Verschließen der Panzeröffnungen zum Schutz von Kopf, Beinen und Schwanz ermöglichen.

Die Schilder des Bauchpanzers sind von denen des Rückenpanzers vollständig oder zum größten Teil durch Zwischenschilder *(Inframarginalia)* getrennt. Der Panzer ist in der Regel weich, ohne Zeichnung und dunkel (olivgrün, braun, schwarz). Die Füße sind mit Schwimmhäuten versehen.

Von den etwa 15 Arten sollen hier nur die wichtigsten genauer besprochen werden. Die Pennsylvania-Klappschildkröte *(Kinosternon subrubrum)* ist in den Vereinigten Staaten sehr weit verbreitet, sie weist drei Unterarten auf: die Gemeine Klappschildkröte, die Florida-Klappschildkröte und die Hufeisen-Klappschildkröte. Diese Unterarten kommen vor allem im Südosten der USA vor. In South Carolina, Georgia, Alabama, Mississippi, Arkansas, Louisiana, in Teilen von New Jersey, Maryland, Pennsylvania, Delaware, Virginia, Nordkarolina, Illinois, Indiana, Kentucky, Tennessee, Oklahoma und Texas.

Die Dach-Moschusschildkröte (Sternotherus carinatus) *ist die größte Art ihrer Gattung und erreicht eine Länge von 15 cm.*

Klappschildkröten bevorzugen seichte, langsam fließende oder stehende Gewässer mit weichem Grund, wie Sümpfe, Teiche, Kanäle oder Abwassergräben. Meist bewegen sie sich kriechend über den Grund, gelegentlich schwimmen sie unter der Wasseroberfläche oder begeben sich an Land. Sowohl im Wasser als auch an Land legen sie nur verhältnismäßig kurze Distanzen zurück. Sie sonnen sich nur selten.

Die Pennsylvania-Klappschildkröte ist ein Allesfresser und ernährt sich von Insekten, Aas, Algen, Muscheln, Fisch und Wasserpflanzen. Zur Winterruhe vergraben sich die Tiere in Schlamm, verrottetem Holz oder faulenden Pflanzenteilen. In südlich gelegenen Gebieten sind die Tiere das ganze Jahr über aktiv und halten keine Winterruhe ein.

Die Weibchen zeigen bei der Eiablage eine Besonderheit: Beim Graben der Eikammer beginnen sie mit den Vorderbeinen, drehen sich um und graben anschließend mit den Hinterbeinen zu Ende. In der Regel legen sie zwischen

Die Kleine Moschusschildkröte (Sternotherus minor) ist überwiegend ans Wasser gebunden und lebt im Südosten Amerikas.

zwei und fünf Eiern ab. Die Eikammern sind relativ flach, und die Tiere geben sich nur wenig Mühe, die Eier zuzudecken und den Nistplatz nach der Ablage zu tarnen.

Klappschildkröten zeigen sehr unterschiedliche Verhaltensweisen; manche Arten sind zurückhaltend, andere sind agressiv und beißen sofort kräftig zu. In Gefangenschaft können Klappschildkröten bis zu 38 Jahre alt werden.

Die gelbliche Klappschildkröte und die Sonora-Klappschildkröte sind im Südwesten der USA beheimatet, die Dreistreifen-Klappschildkröte lebt vor allem in Florida. In Mittel- und Südamerika sind die Skorpions- und die Rotwangen-Klappschildkröte beheimatet.

Weißmaul-Klappschildkröten haben in den Tropen ein großes Verbreitungsgebiet. Es erstreckt sich von Veracruz am Golf von Mexiko bis nach Südguatemala und in den Nordwesten Kolumbiens und Ecuadors. Ein wichtiges Merkmal ist die Färbung des Kopfes: Oberseite und Seiten sind dunkelbraun, Kiefer, Unterseite des Halses sowie „Ober- und Unterlippe" sind weiß gefärbt.

Weißmaul-Klappschildkröten leben vorwiegend terrestrisch. Die Eiablage erfolgt während des gesamten Jahres, häufig legen die Weibchen nur ein einziges Ei ab. Sie legen keine Eikammern an, sondern bedecken die Eier mit verrottetem Pflanzenmaterial.

Diese Art ist in ihren Verbreitungsgebieten sehr häufig anzutreffen und stellt trotz ihrer geringen Größe – zwischen 10 und 13 cm – ein wichtiges Nahrungsmittel in den tropischen Gebieten Mexikos und Nicaraguas dar.

Moschusschildkröten erreichen eine Größe von 15 cm und sehen ihren nahen Verwandten, den Klappschildkröten ähnlich. Es existieren etwa acht verschiedene Arten. Beim Berühren sondern sie eine widerlich stinkende Flüssigkeit aus ihren Afterdrüsen ab.

Moschusschildkröten sind zu Beginn ihrer Gefangenschaft äußerst reizbar und bissig. Später werden sie jedoch – wie andere Schlammschildkröten auch – sehr zahm.

Die Gewöhnliche Moschusschildkröte (Sternotherus odoratus) ist in den Vereinigten Staaten am weitesten verbreitet und unter dem Namen *stinkpot* („Stinktopf" oder „Stinkender Jim") bekannt. Sie ist an den hellen Streifen an Kopf und Hals zu erkennen. Man findet sie fast im gesamten Gebiet östlich des Mississippi und östlich von Texas.

Die Gewöhnliche Moschusschildkröte lebt überwiegend in tiefen, stehenden Gewässern. Dach- und Kleine Moschusschildkröte (Sternotherus carinatus und Sternotherus minor) kommen nur im Südosten der USA vor.

In Südmexiko und Mittelamerika sind zwei weitere Arten beheimatet, die zur Gattung der Kreuzbrustschildkröten (Staurotypus) gehören: Salvin-Kreuzbrustschildkröte (Staurotypus salvinii) und Große Kreuzbrustschildkröte (Staurotypus triporcatus).

Die Tiere werden aufgrund ihrer Größe auch „Riesen-Moschusschildkröten" genannt; sie erreichen eine Länge von etwa 30 cm.

WEICHSCHILDKRÖTEN

Weichschildkröten *(Trionychidae)* leben überwiegend im Süßwasser. In Nordamerika, Südostasien, Afrika und dem Nahen Osten kommen insgesamt 23 Arten sechs verschiedener Gattungen vor.

Alle Arten besitzen die gleichen unverwechselbaren Merkmale: einen großen, flachen, fast kreisrunden Rückenpanzer und eine zu einem kurzen Rüssel verlängerte Schnorchelnase. Die Bezeichnung *Trionychidae* ist davon abgeleitet, daß Weichschildkröten nur drei Krallen an jedem Fuß besitzen.

Die Bezeichnung „Weichschildkröte" ist eigentlich irreführend, da der Panzer Hornplatten aufweist und zudem fest ist. Der Panzer erscheint nur so weich, weil er flach und mit einer lederartigen Haut bedeckt ist. Die darunter liegenden Knochen sind oft sehr dick, nur der Panzerrand ist beweglich.

Der Bauchpanzer reicht sehr weit nach vorne und schließt in gleicher Höhe oder

Oben: Großaufnahme vom Kopf einer Dornrand-Weichschildkröte (Trionyx spiniferus), *der verbreitetsten Art unter den nordamerikanischen Weichschildkröten. Sie sind für ihre Aggressivität bekannt.*

Unten: Dornrand-Weichschildkröten sind Räuber und Aasfresser und können sich an Land und im Wasser schnell bewegen.

Die Florida-Weichschildkröte (Trionyx ferox), *die größte nordamerikanische Weichschildkröte, erreicht eine Panzerlänge von bis zu 50 cm.*

etwas darüber mit dem Rückenpanzer ab; auf diese Weise bietet er Kopf und Beinen ausreichend Schutz.

Der Bauchpanzer nimmt nur zwei Drittel der Länge des Rückenpanzers ein, so daß Beine und Schwanz freiliegen. Bei den meisten Weichschildkröten ist nicht nur die Außenfläche reduziert – auch im Inneren befinden sich große, knochenlose Bereiche.

Die meisten Weichschildkröten sind ans Wasser gebunden und gewandte Schwimmer: Sie haben Schwimmfüße mit scharfen Krallen. Ihre Beute überwältigen sie mit viel Geschick und Kraft. Weichschildkröten können sich aber auch auf dem Land fortbewegen: Glattrand-Weichschildkröten *(Trionyx muticus)* können einen Menschen auf einer ebenen Fläche ohne Hindernisse überholen.

Weichschildkröten werden etwa 80 cm groß. Am unteren Ende der Skala rangiert das Männchen der Glattrand-Weichschildkröte mit einer Carapaxlänge von 18 cm, am oberen Ende die Kurzkopf-Weichschildkröte *(Chitra indica)* mit einer Panzerlänge von 80 cm.

Wie bei vielen anderen Arten übertreffen auch die weiblichen Weichschildkröten die männlichen Tiere an Größe. Die Geschlechter lassen sich am einfachsten an ihren Schwänzen unterscheiden: Männliche Tiere haben einen längeren und dickeren Schwanz, die Schwanzspitze weiblicher Tiere überragt dagegen kaum den Carapaxrand.

Weichschildkröten haben einen länglichen, schmalen Schädel und einen langen, beweglichen Hals. Sie können sich im Schlamm seichter Tümpel und Bäche eingraben und die Nasenlöcher zum Atmen über die Oberfläche strecken. Die Haut der Weichschildkröten ist wasserdurchlässiger als bei anderen Schildkröten, deshalb können sie neben der normalen Atmung zusätzlichen Sauerstoff über Hautatmung aufnehmen. Weichschildkröten besitzen keine Analsäckchen, die eine anale Atmung ermöglichen.

Viele Weichschildkröten sind äußerst aggressiv. Der lange Hals bietet den Tieren einen großen Aktionsradius und ermöglicht ein blitzschnelles Zubeißen bei Berührung.

Carr beschreibt eine Methode, um eingegrabene Weichschildkröten zu fangen: „Man schiebt die Hand in den Schlamm, bis man den Rückenpanzer spürt und tastet sich bis zum vorderen Randschild vor. Dann legt man die Finger vorsichtig um den Hals der Tiere, zieht sie mit einem kräftigen Ruck aus dem Wasser und wirft sie schnell in ein Boot ... ein kräftiger Würgegriff ist erforderlich, um die Tiere am Beißen zu hindern." Diese Prozedur sollte man am besten einem engagierten Schildkrötenliebhaber überlassen!

Die meisten Arten gehören der Gattung der Dreiklauen-Weichschildkröten *(Trionyx)* an. Die Tiere sind in den USA, Mexiko, Afrika, Syrien, Irak, Indien, Burma, China, Japan, Taiwan und Vietnam beheimatet.

Über die Lebensgewohnheiten der Arten außerhalb der USA ist nur wenig bekannt, da die Tiere in diesen Ländern hauptsächlich als Nahrungsmittel betrachtet werden.

Die Dornrand-Weichschildkröte *(Trionyx spiniferus)* zählt in Nordamerika zur häufigsten Art, ihr Name leitet sich von den winzigen, kegelförmigen Erhebungen auf den vorderen Randschildern ab. Es sind sechs Unterarten bekannt. In den USA kommen sie in den östlichen, mittleren und südlichen Staaten vor, ihr Verbreitungsgebiet erstreckt sich im Westen bis zu den Rocky Mountains, über Texas bis in den Südwesten.

In Kanada leben sie im Süden Quebecs und in Ontario und in Mexiko 150 bis 300 km südlich der amerikanischen Grenze.

Dornrand-Weichschildkröten sind mittelgroß bis groß, weibliche Tiere erreichen eine Größe von 50 cm, männliche werden nur 25 cm lang. Der lederartige Panzer ist wie Sandpapier aufgerauht und olivgrün bis gelblich braun gefärbt.

Er weist dunkle Augenflecke (runde Zeichnungen mit dunklen Zentren) oder Punkte sowie ein oder zwei Linien entlang des Randes auf. Der Bauchpanzer ist einfarbig weiß oder gelb, Kopf und Hals tragen leuchtende Längsbänder mit dunklen Einfassungen.

Dornrand-Weichschildkröten leben in fließenden Gewässern mit weichem Grund und üppiger Wasservegetation: in Sümpfen, Bächen, Weihern, sumpfigen Flußarmen, Flüssen und Seen. Die meiste Zeit verbringen die Tiere mit der Nahrungssuche an der Oberfläche oder im Boden vergraben mit nach oben gestrecktem Kopf und Hals.

Dornrand-Weichschildkröten ernähren sich hauptsächlich von tierischer Nahrung, wie Flußkrebsen, Insekten, Regenwürmern, Fischen, Kaulquappen und

Trionyx spiniferus spiniferus *ist eine Unterart der Dornrand-Weichschildkröte, die östlich des Mississippi bis in den Norden Alabamas vorkommt.*

Fröschen. Weichschildkröten nördlicher Regionen graben sich zum Überwintern zwischen November und April in den Bodengrund ein, in südlichen Gebieten sind die Tiere das ganze Jahr hindurch aktiv.

Die Eiablage erfolgt im Juni oder Juli, das Gelege enthält durchschnittlich 20 hartschalige Eier mit einem Durchmesser von etwa 3 cm. Die Nester werden oft von Waschbären und Stinktieren geplündert, die Jungtiere fallen Fischen, anderen Schildkröten, Schlangen, Vögeln und Säugetieren zum Opfer.

Eine Gefahr für die erwachsenen Tiere stellen nur Alligatoren und Menschen dar. Dornrand-Weichschildkröten können über 60 Jahre alt werden.

In Indien leben sechs verschiedene Weichschildkrötenarten. Pfauenaugen-Weichschildkröten (*Trionyx hurum*) sind an ihrem kuppelförmigen, gelb gefleckten Panzer zu erkennen. Vorderindische Weichschildkröten sind wesentlich größer und besitzen flossenartige Füße. Der vordere Teil des Rückenpanzers und der Hals sind nicht deutlich voneinander abgegrenzt, sondern gehen trichterförmig ineinander über. Am Ende schaut nur der kleine, schmale Kopf mit dicht an der „Schnauze" liegenden Augen hervor.

Die Dunkle Weichschildkröte (*Trionyx nigricans*), ist als freilebende Art offensichtlich ausgestorben. Eine Kolonie dieser großen Tiere wird seit über 100 Jahren wie ein Heiligtum in Gefangenschaft gehalten. Manche Exemplare sind so zahm, daß sie auf Zuruf zum Füttern kommen.

Weitere Arten kommen in Burma und Malaysia vor; die Chinesische Weichschildkröte (*Trionyx sinensis*) ist in China, Taiwan, Korea und Japan beheimatet und wurde sogar auf Hawaii eingeführt.

SUMPFSCHILDKRÖTEN

Sumpfschildkröten (*Emydidae*) stellen die größte Familie dar und umfassen etwa 30 Gattungen sowie 85 Arten. Einige leben im Süßwasser, andere bevorzugen das Land. Viele Arten verbringen die Zeit zu gleichen Teilen im Wasser und an Land, verbunden mit ausgiebigen Sonnenbädern.

Die meisten Sumpfschildkröten leben auf der Nordhalbkugel, einige asiatische Arten sind aber auch südlich des Äquators beheimatet.

Die größte Anzahl und Artenvielfalt existiert im Osten Nordamerikas und in Südostasien, einige Arten sind in Mittel- und Südamerika sowie in Indien beheimatet, nur ganz wenige Arten treten in Europa, Afrika und dem Nahen Osten auf. In Australien gibt es keine Sumpfschildkröten.

In Nordamerika findet man drei verschiedene Gruppen von Sumpfschildkröten: 1. Zier-, Höcker-Schmuck- und Diamantschildkröten: Die meisten Arten weisen einen kurzen Hals, breite Kiefer und eine Vorliebe für fließende Gewässer (Flüsse oder Bäche) auf.

2. Dosenschildkröten: Sie haben kurze Hälse, schmale Kiefer und leben überwiegend an Land.

3. Langhals-Schmuckschildkröten und Amerikanische Sumpfschildkröten: Diese Arten haben einen langen Hals, einen schmalen Kiefer und bevorzugen verhältnismäßig ruhige Gewässer.

SCHMUCKSCHILDKRÖTEN

Schmuckschildkröten umfassen ungefähr 14 Arten und 33 Unterarten. Ihre Heimat erstreckt sich vom Osten der USA bis nach Mexiko.

Man findet sie aber auch auf den Cayman-Inseln, auf Kuba, Jamaica, Puerto Rico und den Bahamas.

Bis zur Mitte der 80er Jahre wurden die Schmuckschildkröten in zwei Gattungen unterteilt: Schmuckschildkröten (*Pseudemys*) und Zierschildkröten (*Chrysemys*) mit der einzigen Art *Chrysemys picta*. Mitunter trennt man heute die Buchstaben-Schmuckschildkröten (*Pseudemys scripta*) als eine eigene Untergattung (*Trachemys*) ab.

Gegenüberliegende Seite: Zierschildkröten (Chrysemys picta) kommen an der Ostküste Nordamerikas, von Nova Scotia bis nach Nordgeorgia, vor.

Folgende Doppelseite: Buchstaben-Schmuckschildkröten (Pseudemys scripta)

Oben: Nahaufnahme einer Rotwangen-Schmuckschildkröte (Pseudemys scripta elegans)

Rechts: Der rote Fleck und die auffällige Zeichnung des Rückenpanzers kennzeichnen die Rotwangen-Schmuckschildkröte.

SCHILDKRÖTEN DER WELT

Die meisten Menschen würden diese Gattung sofort erkennen, da ihr eines der beliebtesten Haustiere der Welt angehört – die Rotwangen-Schmuckschildkröte (*Pseudemys scripta elegans*), die beiderseits des Kopfes hinter den Augen einen roten Fleck aufweist.

Rotwangen-Schmuckschildkröten wurden früher in den Vereinigten Staaten und in Europa in „Schildkrötenfarmen" für die Heimtierhaltung gezüchtet. Als in den 70er Jahren bekannt wurde, daß diese Tiere Salmonellen-Infektionen übertragen können, wurde der Verkauf junger Schildkröten verboten. Es war ein Segen für die Schildkröten, da die Jungtiere sehr empfindlich sind und aufgrund von mangelnder Pflege oder Haltungsfehlern selten länger als zwei Monate lebten. Erwachsene Tiere sind wesentlich widerstandsfähiger und noch heute in Zoogeschäften erhältlich.

Schmuckschildkröten erreichen eine durchschnittliche Größe von etwa 20 bis 40 cm und verbringen viel Zeit auf Baumstämmen, Felsen oder in Ufernähe, gelegentlich sammeln sich mehrere Tiere in einer Gruppe an. Sie halten sich bevorzugt in Gewässern mit weichem Grund und üppiger Vegetation auf.

Die Männchen sind meist kleiner als die Weibchen (manchmal nur halb so groß) und an den extrem langen Krallen der Vorderbeine zu erkennen, mit denen sie während der Balz über den Kopf der Weibchen streichen.

Schmuckschildkröten haben ovale, schwach gewölbte Rückenpanzer mit zum Teil auffälligen Mustern. Die Randschilder sind oft leuchtend rot oder gelb gefärbt und heben sich gut vom Grün, Braun oder Schwarz des Panzers ab.

Am Kopf und an den Füßen ist die Haut in der Regel grün, olivbraun oder schwarz gefärbt und weist lebhafte gelbe Längsstreifen auf. Hinter den Augen befindet sich je eine rote, orangefarbene oder gelbe, waagrechte Linie oder ein Fleck.

Im Gegensatz zur schuppigen Haut der Füße ist die Kopfhaut meist weich. Der Bauchpanzer ist leuchtend gelb oder rot gefärbt und in Kontrastfarben auffällig gezeichnet. Mit zunehmendem Alter werden die Panzer bei beiden Geschlechtern dunkler, und die auffällig gefärbten Zeichnungen verblassen allmählich.

Die Nahrungsansprüche variieren mit dem Alter. Jungtiere fressen vor allem Fleisch, während die Erwachsenen als Allesfresser oder sogar ausschließlich als Pflanzenfresser leben.

Pseudemys concinna suwanniensis, *eine Unterart der Hieroglyphen-Schmuckschildkröte, beim Sonnenbad.*

Schmuckschildkröten sind gutmütig, sie ziehen sich bei Gefahr lieber zurück oder ergreifen die Flucht. Sie sind tagaktiv, d. h., sie schlafen nachts und nehmen tagsüber ausgedehnte Sonnenbäder; früher Morgen und später Nachmittag sind für die Nahrungsbeschaffung reserviert.

Zur Winterruhe ziehen sich die Tiere im Frühherbst in den Bodengrund oder in verlassene Bisamrattenhöhlen zurück. Steigen die Temperaturen im Winter an, können sie kurzzeitig wieder aktiv werden. Schmuckschildkröten sind standorttreu, sie bevorzugen sonnige Plätze und gute Fanggründe.

Die Eiablage erfolgt im Juni oder Juli. Die Tiere legen in der Regel mehrmals pro Saison ungefähr 15 ovale Eier ab. Schmuckschildkröten sind im allgemeinen robust und können 30 Jahre und älter werden.

Die Gelege werden oft von Opossums, Stinktieren, Bären oder Waschbären geplündert. Die Jungtiere fallen häufig Schlangen, großen Stelzvögeln, Raubfischen, fleischfressenden Schildkröten und den bereits genannten Säugetieren zum Opfer. Die erwachsenen Tiere werden oftmals von Alligatoren erbeutet oder als Delikatesse von Menschen verzehrt.

SCHILDKRÖTEN DER WELT

Oben: Männchen einer Pseudemys concinna texana, *einer Unterart der Hieroglyphen-Schmuckschildkröte, mit den typischen langen Krallen an den Vorderfüßen*

Mitte links: Pseudemys concinna hieroglyphica, *eine Unterart der Hieroglyphen-Schmuckschildkröte, die im Süden Mittelamerikas vorkommt.*

Mitte rechts: Pseudemys rubriventris alabamensis *ist eine seltene Unterart der Rotbauch-Schmuckschildkröte, die nur in der Umgebung der Mobile Bay in Alabama beheimatet ist.*

Unten: Pseudemys floridana hoyi *ist eine Unterart der Florida-Schmuckschildkröte, die in Mittelamerika lebt.*

HÖCKER-SCHMUCKSCHILDKRÖTEN

Die Gattung Höcker-Schmuckschildkröten *(Graptemys)* umfaßt 10 Arten mittelgroßer, stark ans Wasser gebundener Schildkröten, die überwiegend in den Flüssen der östlichen und mittleren USA beheimatet sind. Fünf dieser 10 Arten kommen in Südmississippi und Alabama, zwei ausschließlich in Texas vor.

Auf dem grauen oder olivbraunen Panzer finden sich auffällige Muster aus gelben oder cremefarbenen Linien, die an eine Straßenkarte erinnern. Zu den drei bekannten Arten zählen die Landkartenschildkröte *(Graptemys geographica)*, die Pracht-Höckerschildkröte *(Graptemys oculifera)* und die Falsche Landkartenschildkröte *(Graptemys pseudogeographica)*.

Körpermerkmale und Verhalten sind extrem geschlechtsabhängig. Bei manchen Arten können die Weibchen mehr als doppelt so groß wie die Männchen werden. Den Größenrekord hält eine weibliche Barbour-Höckerschildkröte *(Graptemys barbouri)* mit einer Carapaxlänge von 33 cm, wohingegen die Männchen kaum größer als 13 cm werden. Die Weibchen anderer Arten werden zwischen 13 und 27 cm, die Männchen 10 bis 15 cm groß.

Die Weibchen entwickeln massige Köpfe mit breiten Kiefern, die sie zum Öffnen von Schalentieren – ihrer Hauptnahrung – benötigen. Die Männchen haben kleine, schmale Köpfe und Kiefer und ernähren sich bevorzugt von Weichtieren, wie Insekten oder Würmern. Beide Geschlechter nehmen auch pflanzliche Nahrung zu sich.

Man findet die Männchen häufig beim Sonnenbaden auf Baumstämmen und Holzstücken in Ufernähe, die Weibchen halten sich überwiegend im schlammigen Bodengrund auf. Im allgemeinen sind Höcker-Schmuckschildkröten scheue, vorsichtige Tiere.

Die Pracht-Höckerschildkröte (Graptemys oculifera) *weist an den Wirbelschildern eine Reihe schwarzer Rückenhöcker auf.*

64 SCHILDKRÖTEN

Höcker-Schmuckschildkröten kommen im Osten und Süden der USA vor. Viele Arten tragen auf dem Rücken die namengebenden, oft spitzen Rückenhöcker.

Links oben: Graptemys nigrinoda pelticola *kommt fast nur in Alabama und Mississippi vor.*

Links unten: Graptemys oculifera oculifera *lebt nur in Südmississippi und in Louisiana.*

*Rechts oben: Die Mississippi-Höckerschildkröte (*Graptemys kohnii*) ist gut an der weißen Iris und dem hellen Halbmond hinter jedem Auge zu erkennen.*

Mitte unten: Graptemys pseudogeographica sabinensis *ist eine Unterart der Falschen Landkartenschildkröte. Sie kommt im Sabine River vor, der zwischen Louisiana und Texas verläuft.*

*Rechts unten: Barbour-Höckerschildkröten (*Graptemys barbouri*) weisen einen ausgeprägten Geschlechtsdimorphismus auf. Die Weibchen sind manchmal mehr als doppelt so groß wie die Männchen.*

Oben: Malaclemys terrapin macrospilota, *eine Unterart der Diamantschildkröten, ist an den orange-gelben Kreisen auf dem Rückenpanzer zu erkennen. „Feinschmecker" waren lange Zeit an diesen Schildkröten interessiert. Gegen Ende des 19. Jahrhunderts bis in die 20er Jahre des 20. Jahrhunderts war Schildkrötenfleisch eine begehrte Ware. Mit den Tieren wurde ein lebhafter Handel betrieben.*

DIAMANTSCHILDKRÖTEN

Diamantschildkröten (Gattung *Malaclemys*) sind nahe verwandt mit den Höcker-Schmuckschildkröten. Es existiert eine Art *(Malaclemys terrapin)* mit insgesamt sieben Unterarten.

Man findet die Tiere nur in Küstennähe in Lagunen, brackigen Gewässern, Meeresbuchten oder Mangrovensümpfen von Massachusetts bis zu den Küsten des Golfstromes im Südosten von Texas.

Sie werden bis zu 25 cm groß und zählen damit zu den mittelgroßen Schildkröten. Der Kopf ist dick und stumpf, Kopf und Beine sind mit Flecken verziert. Bei den meisten Arten finden sich auf dem Rückenpanzer tiefe, konzentrische, dunkle Ringe, die in der Mitte erhaben sind und namengebend für die Gattung waren. Die großen Hinterfüße sind mit Schwimmhäuten versehen.

Die weiblichen Tiere sind fast doppelt so groß wie die Männchen und haben größere Köpfe. Der Großteil der Nahrung setzt sich aus tierischer Nahrung, machmal auch in Form von Aas, zusammen. Die Schildkröten halten eine Winterruhe ein, können jedoch bei kurzzeitigem Temperaturanstieg wieder aktiv werden. Die tagaktiven Tiere graben sich nachts in den Bodenschlamm ein.

Diamantschildkröten wurden bis in die 20er Jahre wegen ihres Fleisches auf großen Farmen kommerziell gezüchtet. Es ist als Ironie des Schicksals anzusehen, daß diese Maßnahme einige Populationen vor der Dezimierung und vielleicht sogar vor dem Aussterben bewahrt hat.

SCHILDKRÖTEN DER WELT 67

Oben: Kopf einer Malaclemys terrapin terrapin. Diese Unterart der Diamantschildkröten findet man von Kap Cod südwärts bis Kap Hatteras in Nordkarolina.

Links: Kaspische Wasserschildkröte (Clemmys caspica caspica)

Tropfenschildkröte (Clemmys guttata) *und Waldbachschildkröte* (Clemmys insculpta) *kommen im Osten und Nordosten der Vereinigten Staaten vor. Waldbachschildkröten sind robust und intelligent, in großen Teilen ihres Verbreitungsgebietes zählen sie zu den geschützten Arten.*

WASSERSCHILDKRÖTEN

Zur Gattung *Clemmys* werden vier in Nordamerika lebende Arten gerechnet: Tropfenschildkröten, Waldbachschildkröten, Mühlenberg-Schildkröten und Pazifik-Wasserschildkröten.

Die ersten drei Arten leben nur im Nordosten der USA und in angrenzenden Teilen Kanadas; die Pazifik-Wasserschildkröte ist an der Westküste der USA beheimatet.

Alle Arten sind Fleischfresser, neben Würmern, Schnecken, Insekten, Schalentieren und Aas ernähren sie sich zum Teil auch von Früchten und Gräsern.

Männliche und weibliche Tiere sind etwa gleich groß; man erkennt die Männchen an ihrem konkav gekrümmten Bauchpanzer. Die Weibchen legen drei bis 12 Eier in flache, sorgfältig getarnte Nistgruben ab.

Auf dem blauschwarzen Rückenpanzer der Tropfenschildkröte (*Clemmys guttata*) befindet sich eine leuchtendgelbe Tropfenzeichnung. Jungtiere haben noch sehr wenige Tropfen, sie treten erst verstärkt mit dem Alter auf, bei sehr alten Exemplaren kann die Zeichnung verblaßt sein. Die Haut ist meist grau oder schwarz gefärbt, kann aber manchmal auch gefleckt sein.

Tropfenschildkröten sind klein (10 bis 13 cm), gutartig und scheu. Sie leben überwiegend im Wasser und graben sich bei Gefahr in den Schlamm ein (an Land ziehen sie sich in ihren Panzer zurück).

Im Gegensatz zu den meisten anderen Sumpfschildkröten bevorzugen Tropfenschildkröten kühle Temperaturen. Sie verbringen aber die kälteste Zeit des Winters eingegraben unter Wasser. Tropfenschildkröten können 40 Jahre und älter werden.

Die Waldbachschildkröte (*Clemmys insculpta*) erreicht eine durchschnittliche Carapaxlänge von 18 cm. Auffällige Merkmale sind ein rauher, kielförmiger, am Rand ausgestellter Rückenpanzer, ein flacher, mitunter tiefschwarzer Kopf, orangefarbene Beine und ein oranger

Hals sowie ein langer Schwanz. Die überwiegend terrestrisch lebende Art begibt sich nur zur Balz und zur Winterruhe ins Wasser.

Die tagaktiven Tiere leben in Wäldern und Wiesen und sind ortstreu. Manche Exemplare wurden wiederholt eingefangen und auch nach mehreren Jahren ganz in der Nähe ihres ersten Standortes wiedergefunden. Die Tiere sind vollendete Kletterkünstler – selbst Maschendraht stellt für sie kein Hindernis dar.

Viele Fachleute haben sich über die überragende Intelligenz dieser Art geäußert. Archie Carr führt hierzu Lernversuche mit Schildkröten in einem Labyrinth an. Die Fähigkeit, den richtigen Weg zu finden, war fast so gut ausgeprägt wie bei Ratten.

Wegen ihrer Intelligenz und ihrem freundlichen Wesen stehen Waldbachschildkröten in der Gunst der Schildkrötensammler. Carr hat selbst ein Exemplar 18 Monate in seinem Haus gehalten: „Sie schlief in der Toilette und erschien jeden Morgen am Frühstückstisch. Sie steuerte auf den Stuhl meiner Frau zu und reckte neugierig den Hals. Oft hob sie ein Bein und balancierte auf den anderen drei Beinen wie ein Vorstehhund."

Mühlenberg-Schildkröten (*Clemmy muhlenbergii*) erreichen eine Größe von etwa 11 cm. Sie stellen an ihre Standorte sehr spezielle Anforderungen – vielleicht sogar die speziellsten unter den nordamerikanischen Süßwasserschildkröten. Man findet sie meist in Torfmooren mit sehr seichten Uferregionen.

Mühlenberg-Schildkröten leben in Teilen von New York, New Jersey, Massachusetts, Connecticut, Pennsylvania und

Die Mühlenberg-Schildkröte (Clemmys muhlenbergii) *zählt zu den kleinsten Schildkrötenarten der Welt – nur selten erreicht sie eine Carapaxlänge von mehr als 11 cm.*

Tropfenschildkröten (Clemmys guttata) sind sehr kleine Tiere – ihr Rückenpanzer wird selten länger als 13 cm.

Maryland. Da der Mensch immer weiter in die Territorien der Tiere vordringt, ist diese Art ernsthaft bedroht.

Das Verbreitungsgebiet der Pazifik-Wasserschildkröten *(Clemmys marmorata)* erstreckt sich entlang der Westküste. Die Art erreicht eine Größe von etwa 20 cm und ist olivbraun bis schwarz gefärbt. Sie ist an das Leben im Wasser angepaßt und verläßt das Wasser nur zum Sonnen und zum Graben der Nistgrube. Die Tiere sind scheu und wachsam und tauchen bei der geringsten Störung sofort ins Wasser ein.

DOSENSCHILDKRÖTEN

Die Gattung Dosenschildkröten *(Terrapene)* umfaßt vier Arten, die in den Vereinigten Staaten und in Mexiko verbreitet sind.

Dosenschildkröten leben überwiegend terrestrisch, sind mittelgroß – etwa 15 bis 20 cm – und weisen folgende Merkmale auf: einen hochgewölbten, gemusterten Rückenpanzer, der länger als breit ist; einen Bauchpanzer, der mit Hilfe beweglicher Plastronlappen völlig verschlossen werden kann; Hinterfüße mit zurückgebildeten Schwimmhäuten, einen hakenförmigen Schnabel sowie starke Krallen an den Hinterfüßen. Männliche Tiere haben leuchtend rote Augen, weibliche Tiere sind an den hellbraunen Augen zu erkennen.

Dosenschildkröten sind tagaktiv und graben sich, nach Einbruch der Dunkelheit in der Erde ein oder verstecken sich während der Nacht. Sie haben ein eng begrenztes Territorium von wenigen hundert Metern. Dosenschildkröten sind Allesfresser, sie ernähren sich von Früchten, Aas, Beeren, Insekten, kleinen Wirbeltieren und Würmern.

Von Mai bis Juli legen die Weibchen zwei bis acht Eier in flache Nistgruben ab. Die Gelege werden oft von Stinktieren, Füchsen, Waschbären und Krähen geplündert, die Jungtiere fallen häufig Schlangen, Krähen, Koyoten, Füchsen, Hunden und Stinktieren zum Opfer. Der größte Feind der erwachsenen Tiere ist der Mensch – jedes Jahr werden mehrere tausend Tiere auf den Straßen überfahren.

Dosenschildkröten verkörpern die idealen Haustiere. Sie sind robust, gutmütig, anpassungsfähig und langlebig.

Die Carolina-Dosenschildkröte *(Terrapene carolina)* lebt hauptsächlich an Waldrändern und ist in nahezu allen Staaten südlich der großen Seen und östlich des Mississippi verbreitet, einschließlich Kanada, Missouri, Oklahoma, Arkansas, Louisiana, Ost-Texas sowie der mexikanischen Staaten Campeche, Quintana Roo, San Luis Potosi, Tamaulipas, Veracruz und Yucatan.

Der braune oder schwarze Rückenpanzer weist eine variable Zeichnung auf – rote oder gelbe Striche und Flecken oder Klekse.

Die Schmuck-Dosenschildkröte *(Terrapene ornata)* lebt in baumlosen Ebenen, Steppen und hügeligen Graslandschaften mit vereinzelten niedrigen Büschen im Südwesten und in Mittelamerika sowie im Westen Mexikos. Sie erreicht eine Größe von etwa 15 cm. Der dunkelbraune oder schwarze Rückenpanzer ist mit gelben Linien verziert, die von jedem Schild strahlenförmig nach außen verlaufen.

LANGHALS-SCHMUCKSCHILDKRÖTE UND AMERIKANISCHE SUMPFSCHILDKRÖTE

Die Langhals-Schmuckschildkröte *(Deirochelys reticularia)* und die Amerikanische Sumpfschildkröte *(Emydoidea blandingii)* können eine Größe von etwa 25 cm erreichen. Beide Arten haben einen langen Hals sowie schmale Kiefer und bevorzugen stehende Gewässer, wie Tümpel, Sümpfe und Abwassergräben.

Die Amerikanische Sumpfschildkröte kommt im Norden Mittelamerikas – in der Nähe der großen Seen und etwas weiter westlich – und in Südkanada vor.

Der weiche, dunkle Rückenpanzer weist eine gelbe Fleckenzeichnung auf. Weitere auffällige Merkmale sind: vorstehende Augen; ein langer, gelber Hals; ein beweglicher Bauchpanzer und ein gelber Unterkiefer.

Die Amerikanische Sumpfschildkröte hält sich überwiegend im Wasser auf. Sie ist ein Allesfresser mit einer Vorliebe für Schalentiere.

Die Langhals-Schmuckschildkröte lebt vorwiegend terrestrisch. Sie ist im Süden der USA sowie im Süden Mittelamerikas beheimatet. Der dunkle Rückenpanzer zeigt eine halbe Netzzeichnung, der Hals ist längs gestreift. Diese Art ist ein Allesfresser mit einer Vorliebe für kleine wirbellose Tiere.

ERDSCHILDKRÖTEN

Erdschildkröten sind in neun altweltliche und sechs neuweltliche Arten unterteilt. Die letzteren gehören zur Untergattung *Rhinoclemys*, die ersteren zu den Untergattungen *Geoemyda* und *Melanochelys*. Erdschildkröten leben vorwiegend oder sogar ausschließlich an Land. Ihr Verbreitungsgebiet reicht von Südsonora, im Westen Mexikos, dem Süden Mittelamerikas bis nach Ecuador und Nordbrasilien.

Terrapene carolina bauri, *eine Unterart der Carolina-Dosenschildkröte, ist in Südgeorgia und ganz Florida beheimatet.*

72　SCHILDKRÖTEN

Oben: Die Amerikanische Sumpfschildkröte (Emydoidea blandingii) *ist eine mittelgroße, fleischfressende Art, die in Nordamerika vorkommt.*

Rechts: Nahaufnahme einer Dosenschildkröte (Terrapene). *Zur bevorzugten Kost der Tiere zählen giftige Pilze. Der Verzehr von Dosenschildkröten kann beim Menschen Vergiftungserscheinungen hervorrufen, da das Fleisch Rückstände des Pilzgiftes enthält.*

Die Pracht-Erdschildkröte *(Geoemyda pulcherrima)* ist in Mexiko und Mittelamerika beheimatet und an den dünnen, roten und schwarzen, wurmartigen Linien auf Kopf, Beinen und Schwanz zu erkennen.

Pracht-Erdschildkröten sind Allesfresser und leben fast ausschließlich terrestrisch. Sie erreichen eine durchschnittliche Carapaxlänge von 15 cm.

Die Bauchstreifen-Erdschildkröte *(Rhinoclemys funera)* ist die größte Art dieser Gattung. Sie lebt überwiegend im Wasser und kommt im Osten Mittelamerikas vor. Der schwarze Rückenpanzer kann bis auf 33 cm heranwachsen.

Die Weibchen der in Südamerika beheimateten Erdschildkröten legen nur ein einziges Ei ab, das machmal fast halb so groß wie die Schildkröte selbst sein kann. In tropischen Klimaten legen die Tiere jedes Jahr mehrere Eier ab, wobei die größeren Schlüpflinge die größten Überlebenschancen haben.

EUROPÄISCHE SUMPFSCHILDKRÖTEN

Der Unterschied zwischen Amerikanischen und Europäischen Sumpfschildkröten besteht darin, daß in Amerika verhältnismäßig wenige Gattungen mit vielen Arten vorkommen, während in Europa viele Gattungen mit nur wenigen Arten existieren; manche Gattungen bestehen sogar nur aus einer einzigen Art.

Im Mittelmeerraum sind drei Arten beheimatet. Zur bekanntesten zählt die Europäische Sumpfschildkröte *(Emys orbicularis)*. Sie ähnelt der Amerikanischen Sumpfschildkröte und hat einen schwarzen Rückenpanzer mit hellgelben Flecken.

Man findet sie in Spanien, Zentralfrankreich, Norditalien, Süddeutschland, Polen, der Nordtürkei, Nordmarokko, Algerien, Tunesien und im Iran. Diese fleischfressende Schildkröte wird etwa 15 cm groß.

Die Kaspische Wasserschildkröte *(Clemmys caspica)* ist im Mittleren Osten (Iran, Irak, Türkei, Syrien und Israel) sowie in Teilen Griechenlands und im ehemaligen Jugoslawien beheimatet. Die männlichen Tiere verbeißen sich während der Paarung im Hals der Weibchen und bringen ihnen machmal sogar tödliche Wunden bei.

ASIATISCHE SUMPFSCHILDKRÖTEN

In Asien leben viele Sumpfschildkröten-Gattungen – vor allem in Indien, Bangladesh, China, Taiwan und auf dem südostasiatischen Festland (einschließlich Burma, Thailand, Vietnam, Malaysia).

Über das Verhalten vieler asiatischer Arten ist nur sehr wenig bekannt, aus diesem Grund werden an dieser Stelle nur die wichtigsten und auffälligsten Arten beschrieben.

Die Diademschildkröte *(Hardella thurjii)* kommt im Ganges, Brahmaputra und den Flußsystemen des Indus in Indien vor. Diese große Art (Weibchen können bis auf 53 cm heranwachsen) ist ein begehrtes Nahrungsmittel und wird in großer Zahl in Kalkutta verkauft. Der geschlechtsabhängige Größenunterschied ist bei dieser Art auffälliger als bei allen anderen bekannten Arten. Die Männchen weisen eine maximale Länge von

Die Gezähnelte Pelomeduse (Pelusios sinuatus), *eine große ostafrikanische Halswender-Schildkröte, kann bis zu 45 cm lang und über 8 kg schwer werden.*

18 cm auf. Die Diademschildkröte ernährt sich vorwiegend oder ausschließlich von pflanzlicher Nahrung und ist sehr sanftmütig. Der Carapax ist dunkelbraun oder schwarz.

Die Batagur-Schildkröte *(Batagur baska)* ist eine große, im Wasser lebende Art, die in Thailand und Burma sowie auf Sumatra und der malayischen Halbinsel vorkommt. Die Tiere können 60 cm lang werden; die Weibchen legen zehn bis 30 etwa 8 cm große Eier ab.

Nach der Eiablage werden die Eigruben mit Sand verschlossen und der Boden über der Eigrube mit Hilfe des Panzers festgeklopft.

Die Callagur-Schildkröte *(Callagur borneoensis)* ist auf Borneo, Sumatra und der malayischen Halbinsel beheimatet. Als eine der größten Sumpfschildkröten erreicht sie Carapaxlängen von bis zu 60 cm.

Als besondere Merkmale weisen die Tiere eine hautbedeckte Kopfoberseite (anstelle von Schuppen) und einen graubraunen Rückenpanzer mit drei schwarzen Längsstreifen auf.

Bei der Stachel-Erdschildkröte *(Geoemyda spinosa)* handelt es sich um eine südostasiatische Wasserschildkröte, die einen 20 bis 25 cm langen Panzer aufweist. Sie besitzt erhabene, stachelige Höckerkiele und Randschilder.

Das Gegenstück zur Amerikanischen Dosenschildkröte stellt die Scharnierschildkröte *(Gattung Cuora)* dar. Auf der Bauchseite weist ihr hochgewölbter Panzer ein Quergelenk auf, wodurch zwar eine gewisse Beweglichkeit der Vorder- und Hinterlappen erreicht wird, aber kein festes Verschließen des Panzers. Die Amboina-Scharnierschildkröte *(Cuora amboinensis)* ist eine pflanzenfressende Art, die in Tümpeln, Sümpfen und Reisfeldern lebt.

Die Chinesische Dreikielschildkröte *(Chinemys reevesii)* lebte ursprünglich in Südchina, wurde dann aber auch in anderen Teilen der Welt eingeführt (z. B. in den USA). Sie wird selten größer als 20 cm und hat einen braunen Rückenpanzer mit gelben oder weißen Randschildern. Dieser robuste Allesfresser ist als Haustier sehr beliebt.

Die Chinesische Dreikielschildkröte (Chinemys reevesii), *eine asiatische Sumpfschildkröte, ist äußerst robust und daher als Haustier sehr beliebt.*

LANDSCHILDKRÖTEN

Neben den Sumpfschildkröten machen die Landschildkröten (Testudinidae) die größte Familie aus. Weltweit existieren zehn Gattungen und etwa 39 Arten.

Landschildkröten sind vor allem in Afrika, südlich der Sahara beheimatet. Man findet sie aber auch im Mittelmeerraum, im südlichen Asien und selten in Amerika. Sie bevorzugen Steppen, Halbwüsten, Buschland und Savannen.

Landschildkröten sind vollständig an das Leben auf dem Land angepaßt. Sie unterscheiden sich von den anderen Familien in vielen Punkten. Sie haben meist einen stark verknöcherten und hoch gewölbten Panzer, an dem nur ausnahmsweise Gelenke auftreten. Der Panzer weist ausgeprägte Jahresringe (Annuli) auf jedem Schild auf. Die Vorderbeine sind nach hinten leicht abgeflacht, und weisen auf der Vorderseite dicke Schuppen auf.

Die Zehen an den rundlichen, säulenförmigen Beinen sind zu einem Klumpfuß verwachsen, aus dem nur die Krallen frei hervorragen. Die Nahrung der Landschildkröten besteht überwiegend aus Pflanzen.

In der Geschichte der Landschildkröten spielt der Mensch eine unrühmliche Rolle. Millionen Tiere wurden abgeschlachtet, und fast ein Dutzend Arten gelten heute als ausgestorben oder vom Aussterben bedroht. Das Schicksal der Landschildkröten im 17. und 18. Jahrhundert ähnelt dem Los der Meeresschildkröten in der heutigen Zeit.

Die berühmtesten Arten unter den Landschildkröten sind die Riesenschildkröten der Galapagos-Inseln und jene Arten, die heute am anderen Ende der Welt auf der Insel Aldabra leben.

Die Galapagos-Riesenschildkröte (Testudo elephantopus) kann Carapaxlängen bis zu 1,2 m und ein Gewicht von 190 kg erreichen. Sie besitzt äußerst starke Beine und kann das Gewicht eines Menschen auf ihrem Rücken tragen.

GALAPAGOS-RIESENSCHILDKRÖTEN

Die Galapagos-Inseln liegen am Äquator, etwa 1000 km östlich von Ecuador. Das Galapagos-Archipel umfaßt eine Gruppe von ungefähr 20 Inseln vulkanischen Ursprungs und wurde 1535 von spanischen Seglern entdeckt. Die Riesenschildkröten *(Testudo elephantopus)* waren auf elf dieser Inseln in unglaublicher Vielzahl verbreitet.

Ursprünglich lebten auf den Galapagos-Inseln 14 verschiedene Unterarten, die durch das Meer und unpassierbare Lavafelder voneinander getrennt waren. Die Galapagos-Riesenschildkröten können eine Carapaxlänge von 1,2 m und ein Gewicht von etwa 190 kg erreichen. Die Form des Rückenpanzers variiert bei den einzelnen Unterarten – manche sind kuppelförmig, andere sind flacher oder sattelförmig (über dem Hals aufgebogen). Der Rückenpanzer ist dunkelbraun, dunkelgrün oder schwarz gefärbt.

Kopf- und Halsgröße sind ebenfalls von der Art abhängig, obgleich die meisten Arten lange Hälse aufweisen. Mit ihren langhalsigen Köpfen können die Tiere auch höher liegende Pflanzenteile, z. B. bestimmte Kaktusarten, abweiden. Mit Hilfe der großen, kräftigen Beine können die Riesenschildkröten gut über felsigen Boden kriechen.

Die männlichen Tiere sind wesentlich größer als die weiblichen. Diesen Größenvorteil machen sie sich bei den verkürzten und direkten Balzritualen zunutze: Die Männchen überwältigen die Weibchen, indem sie sie mit der Vorderseite ihres Panzers rammen und mit ihrem Gewicht auf den Boden niederdrücken.

Die Eiablage erfolgt das ganze Jahr hindurch an direkt besonnten Nistplätzen. Ein Gelege enthält etwa zehn Eier. Beide Geschlechter entwickeln sich langsam, die Entwicklung dauert 20 bis 25 Jahre.

Galapagos-Riesenschildkröten genießen es, sich lange und ausgiebig im Schlamm und Morast von Wasser-

löchern zu wälzen. Je nach Umgebungstemperatur tauchen sie zum Teil auch ins Wasser ein. Nachts graben sich viele Tiere in den weichen Boden ein.

Während der Trockenzeit wandern die Schildkröten ins feuchte Hochland und kehren erst in der Regenzeit wieder ins Tiefland zurück. Sie vertilgen jegliche Grünkost, die sie finden können.

Die ungestörte Lebensweise dieser Schildkröten wurde jäh beendet, als im 19. Jahrhundert Robben- und Walfänger auf den Inseln landeten. Für diese Männer stellten die Schildkröten nur einen unerschöpflichen Nahrungsvorrat dar. Sie nahmen die Schildkröten als Proviant mit an Bord und schlachteten sie bei Bedarf.

Schließlich entdeckten die Jäger, daß sich aus dem Fett und den Eiern der Tiere Öl gewinnen ließ.

Den Aufzeichnungen der Walfänger zufolge wurden innerhalb von 30 Jahren 200 000 Tiere abgeschlachtet. Man schätzt, daß seit der Entdeckung der Galapagos-Inseln mehr als 10 Millionen Tiere getötet wurden.

Während der vergangenen Jahrhunderte wurden mehrere Millionen der Galapagos-Riesenschildkröten (Testudo elephantopus) abgeschlachtet.

Auch die zunehmende Urbarmachung und die damit verbundene Zerstörung der Lebensräume sowie die Einführung wildlebender Säugetiere, wie Hunde, Ziegen, Schweine und Ratten, führten zum Rückgang der Schildkröten, da diese Tiere Nahrungskonkurrenten darstellten, die Nistplätze zerstörten und die Jungtiere der Schildkröten töteten.

In unserem Jahrhundert wurden Artenschutz- und Aufzuchtprogramme ins Leben gerufen, die dazu geführt haben, daß heute etwa 10 000 Exemplare auf den Galapagos-Inseln leben.

1964 wurden zwei wichtige Schritte unternommen, um das Überleben Galapagos-Riesenschildkröten zu sichern: die Gründung der Darwin Memorial Research Station und die Ernennung des Archipels zum Ecuadorianischen Nationalpark. Darüber hinaus wurden die Arten unter Naturschutz gestellt. Die erfolgreichste Maßnahme zum Schutz der Tiere bestand in der Vernichtung konkurrierender Wildtiere.

Neben den Galapagos-Riesenschildkröten findet man heute noch Riesenschildkröten auf Mauritius und Aldabra.

1598 landeten die ersten holländischen Segler auf Mauritius, einer kleinen Insel nördlich von Madagaskar. Hier fanden sie große, zutrauliche, flugunfähige Vögel und Riesenschildkröten vor, die sie in unvorstellbaren Mengen abschlachteten.

Der Schildkrötenbestand war bis Mitte des 17. Jahrhundert auf Mauritius drastisch zurückgegangen. Man fand die Tiere auf benachbarten Inseln und importierte sie nach Mauritius, um sie an Handelsflotten oder Piratenschiffe zu verkaufen. Die Riesenschildkröten wurden systematisch, Insel um Insel, auf Diego Rodriguez, Reunion, Mauritius, Farquhar und den Seychellen ausgemerzt.

Ende des 19. Jahrhunderts lebte nur noch auf der Insel Aldabra eine größere Population dieser Tiere. Sie haben nur überlebt, weil die Insel nicht auf dem direkten Seeweg nach Indien lag.

Um die Tiere vor dem Aussterben zu bewahren, haben einige berühmte englische Naturforscher – unter ihnen Charles Darwin – Schutzmaßnahmen ergriffen, wie die Ausfuhr und Aufzucht in Gefangenschaft. Die Tiere wurden von Aldabra nach Mauritius gebracht und in Zuchtfarmen vermehrt.

Riesenschildkröten können sehr alt werden – es sind Exemplare bekannt, die älter als 100 Jahre wurden.

Rechts: Die Regierung von Ecuador sowie private Organisationen haben Programme zur Erhaltung der Galapagos-Riesenschildkröten (Testudo elephantopus) *ins Leben gerufen.*

Gegenüberliegende Seite: Bevor der Mensch im 19. Jahrhundert unzählig viele Riesenschildkröten auf den Galapagos-Inseln abschlachtete, existierten 14 verschiedene Unterarten.

Die Pantherschildkröte (Geochelone pardalis), *eine große afrikanische Landschildkröte, besitzt eine auffällige Zeichnung und einen kuppelförmigen Rückenpanzer.*

SCHILDKRÖTEN AUS AFRIKA UND MADAGASKAR

Zwei wichtige afrikanische Arten der Gattung *Geochelone* stellen die Sporenschildkröte und die Pantherschildkröte dar. Die Sporenschildkröte (*Geochelone sulcata*) lebt in den trockenen Steppen des mittleren Afrikas und kann eine Größe von 75 cm und ein Gewicht von 75 kg erreichen. Die Männchen sind wesentlich größer als die Weibchen.

Der Rückenpanzer weist stark konzentrisch gefurchte Rückenschilder auf. Die Sporenschildkröte verdankt ihren Namen kräftigen Hornstacheln auf den Oberschenkeln und am Hinterrand der Hinterfüße. Da die Tiere in trockenen Wüstenregionen leben, müssen sie oft lange Zeit ohne Wasser auskommen. Vor Feuchtigkeitsverlust schützt sie eine dicke, nahezu undurchlässige Haut sowie ihre Angewohnheit, sich bei großer Hitze tief in die Erde einzugraben.

Die Pantherschildkröte (*Geochelone pardalis*) erreicht eine Größe von 65 cm und ein Gewicht von bis zu 30 kg. Sie ist in den Savannen des mittleren und südlichen Afrikas verbreitet. Ihren Namen verdanken die Tiere dem dekorativen Rückenpanzer – schwarze Flecken auf gelbem Grund.

Die Madagassische Strahlenschildkröte (*Geochelone radiata*) lebt im Süden Afrikas. Sie hält sich mit Vorliebe in Kakteenhecken auf und bevorzugt Obst und frische Keime. Auf ihrem Rückenpanzer strahlen von der Mitte jedes Schildes symmetrische helle Linien aus. Beide Geschlechter erreichen eine Größe von etwa 40 cm und ein Gewicht von 10 kg.

Strahlenschildkröten stehen unter Naturschutz. Leider zahlen aber viele Chinesen auf Madagaskar beinahe jeden Preis für das Schildkrötenfleisch, da sie ihm eine aphrodisische Wirkung zuschreiben.

Die berühmteste und älteste Schildkröte war eine Strahlenschildkröte namens „Tui Malila". Das Tier wurde angeblich von Captain Cook im Jahre 1773 oder 1777 der Königin von Tonga als Geschenk überreicht und lebte bis zum 19. Mai 1966. Gegen Ende ihres Lebens war sie völlig erblindet und mußte von Hand gefüttert werden.

Die Spaltenschildkröte *(Malacochersus tornieri)* zählt zu den interessantesten afrikanischen Landschildkröten; sie ist in Kenia und Tansania verbreitet. Sie hat einen flachen, weichen Panzer, der meist hellbraun bzw. an den Schilderrändern dunkelbraun oder schwarz gefärbt ist. Die Pflanzenfresser können eine Länge von 15 cm erreichen; die Weibchen legen nur ein Ei ab.

Spaltenschildkröten besiedeln Felshänge in Höhen über 1000 m. Sie sind geschickt im Klettern, ergreifen bei Gefahr die Flucht und zwängen sich in eine Felsspalte. Dort verankern sie sich mit ihren Beinen und atmen tief ein, so daß sich ihr biegsamer Panzer den Felswänden anpaßt.

Im mittleren Afrika lebt die Stachelrand-Gelenkschildkröte *(Kinixys erosa)*. Sie besitzt als einzige Landschildkröte einen beweglichen Rückenpanzer, der an der Verbindung zwischen dem zweiten und dritten Randschild oder ungefähr in der Mitte des Panzers aus Knorpel besteht. Dies ermöglicht bei Gefahr ein vollständiges Einziehen der Hinterbeine und des Schwanzes. Stachelrand-Gelenkschildkröten haben einen braunen Rückenpanzer und einen gelben Kopf, sie werden etwa 30 cm groß.

EUROPÄISCHE LANDSCHILDKRÖTEN

In Europa und im Mittelmeerraum kommen fünf Arten der Gattung *Testudo* vor. Die Maurische Landschildkröte *(Testudo graeca)* ist eine der bekanntesten Arten. Sie ist in Nordafrika, dem Nahen Osten und im südlichen Europa beheimatet. Der 18 bis 20 cm lange Carapax weist eine leichte Kuppelform auf, die Grundfarbe ist gelblich bis orangebraun mit großen schwarzen Flecken. An den Oberschenkeln befinden sich auffällige Sporne. In kälteren Regionen hält die

Oben: Die Spaltenschildkröte (Malacochersus tornieri) *zwängt sich bei Gefahr in eine Felsspalte.*

Unten: Madagassische Strahlenschildkröte (Geochelone radiata). *Man schreibt ihrem Fleisch eine aphrodisische Wirkung zu.*

Oben: Die Argentinische Landschildkröte (Geochelone chilensis) kommt in Südamerika vor und ist als Haustier und Nahrungsmittel gleichermaßen beliebt.

Unten: Bei der Indischen Strahlenschildkröte (Testudo radiata) handelt es sich um eine exotische Art, die nahe mit der Madagassischen Strahlenschildkröte (Geochelone radiata) verwandt ist.

Maurische Landschildkröte eine Winterruhe ein; die Weibchen legen zwei bis drei Eier pro Gelege ab. Unter geeigneten Bedingungen kann diese Art sehr alt werden – manche Exemplare wurden über 100 Jahre alt.

In Großbritannien zählten diese Tiere zu den beliebtesten Haustieren; früher wurden jährlich 300 000 Schildkröten von Marokko nach England verschifft. Da das britische Klima für diese Tiere viel zu kalt und zu feucht war, verstarben mehr als 90 Prozent bereits im ersten Jahr.

Die Griechische Landschildkröte *(Testudo hermanni)* besiedelt das gesamte südliche Europa. Sie unterscheidet sich von der Maurischen Landschildkröten nur durch das Rückenafterschild, die Oberschenkel-Tuberkel und den hornigen Endnagel am Schwanz.

Der größte Vertreter dieser Gattung ist die Breitrandschildkröte *(Testudo marginata)*; sie ist nur in Südgriechenland beheimatet. Der langgestreckte Rückenpanzer kann bis auf 30 cm heranwachsen und ist bei männlichen Tieren an Vorder- und Hinterrand glockenrandähnlich aufgebogen.

ASIATISCHE LANDSCHILDKRÖTEN

In Indien, Südostasien und Celebes leben sieben Arten der Gattung *Geochelone*. Am bekanntesten ist die Sternschildkröte *(Geochelone elegans)*, die eine Größe von bis zu 25 cm erreicht. Sie ist ein ausgesprochenes Dämmerungstier und entfaltet ihre größte Munterheit in den frühen Morgenstunden und am späten Nachmittag.

Die Braune Landschildkröte *(Geochelone emys)* hat einen abgeflachten Panzer und bevorzugt feuchte, tropische Wälder. Mit einer Carapaxlänge von 50 cm zählt sie zu den größten asiatischen Landschildkröten. Sie ist in Burma und Thailand sowie auf Sumatra, Borneo und der malayischen Halbinsel beheimatet. Ihr Fleisch wird im gesamten Verbreitungsgebiet sehr geschätzt.

SÜDAMERIKANISCHE LAND-SCHILDKRÖTEN

Auf dem südamerikanischen Festland kommen drei Arten vor, die alle der Gattung *Chelonoidis* angehören.

Folgende Schildkröten-Arten sind auf dem gesamten Kontinent in großer Zahl verbreitet: Waldschildkröte *(Chelonoidis denticulata)*, Köhlerschildkröte *(Chelonoidis carbonaria)* und Argentinische Landschildkröte *(Chelonoidis chilensis)*.

Die Waldschildkröte findet man in den dichten Regenwäldern und den tropischen Tiefebenen Südamerikas. Bei dieser Art besteht ein ausgesprochener Geschlechtsdimorphismus: Die weiblichen Tiere können eine Größe von 60 bis 75 cm erreichen, während die Männchen nur selten größer als 40 cm werden.

Oben und links: Die Köhlerschildkröte (Chelonoidis carbonaria) *ist eine auffällig gezeichnete, mittelgroße Schildkröte die in ganz Südamerika verbreitet ist.*

Auch die Form des Rückenpanzers ist unterschiedlich – die Männchen haben langgestreckte, flache Rückenpanzer und einen stark konkaven Bauchpanzer, während die Weibchen hohe, schmale Rückenpanzer und einen flachen Bauchpanzer aufweisen.

Der Panzer ausgewachsener Tiere ist bei beiden Geschlechtern dick und schwer, die Grundfarbe ist dunkelbraun mit gelben Flecken auf jedem Schild; Auch der Bauchpanzer ist dunkelbraun. Die Beine und der Kopf sind braun mit orangefarbenen Schuppen und Zeichnungen.

Waldschildkröten leben versteckt am Boden dichter Wälder, sie meiden Lichtungen und breite Pfade. Ihre Nahrung besteht hauptsächlich aus Blättern und Früchten, obgleich sie in Gefangenschaft gelegentlich Insekten und Fleisch fressen. Ihr Fleisch wird sehr geschätzt; Prichard berichtet, daß die Einheimischen – welche die Waldschildkröten „Jabuti" nennen – oft ganze Hänge anzünden, um anschließend die Schildkröten einzusammeln.

Wald- und Köhlerschildkröte sind miteinander verwandt und bewohnen beinahe die gleichen Lebensräume. Die Köhlerschildkröte ist mit bis zu 50 cm Carapaxlänge jedoch kleiner als die Waldschildkröte, wobei die männlichen Tiere in der Regel kleiner sind als die weiblichen Tiere.

Der Rückenpanzer ist schwarz gefärbt; die Grundfarbe von Beinen und Kopf ist ebenfalls schwarz mit roten und rötlichgelben Schuppen. Jedes Schild weist darüber hinaus rote bzw. rötlich-gelbe Zeichnungen auf.

Köhlerschildkröten bevorzugen feuchte Wälder und suhlen sich gern im nassen Boden. Tagsüber, aber auch in hellen Mondnächten, suchen sie nach saftigen Früchten und anderer pflanzlicher Kost.

Wald- und Köhlerschildkröten legen ein interessantes Balzverhalten an den Tag: Treffen zwei männliche Waldschildkröten aufeinander, stellen sie sich seitlich aneinander und bewegen den Kopf ruckhaft zur Seite des Artgenossen und ziehen ihn sofort wieder zurück. Ein männliches Tier wird mit dem gleichen Verhalten antworten; falls dies nicht zutrifft, wird das Männchen ausgiebig die Analregion des anderen Tieres beriechen, um festzustellen, ob es sich um ein Weibchen handelt. Sollte dies der Fall sein, beginnt das Männchen unverzüglich mit der Kopulation.

Köhlerschildkröten zeigen etwas abweichende Kopfbewegungen und geben während der Kopulation ein hühnerähnliches „Gegacker" von sich.

Das Verbreitungsgebiet der Argentinischen Landschildkröte erstreckt sich noch weiter nach Süden. In Argentinien und Uruguay kommen die Tiere noch in großer Anzahl vor.

Argentinische Landschildkröten werden etwa 35 cm lang, wobei die Weibchen etwas größer als die Männchen sind.

Die Grundfarbe des Rückenpanzers ist gelb-braun, die Ränder sind zur besseren Tarnung dunkler gefärbt. Die Tiere halten sich im Gegensatz zu den Wald- und Köhlerschildkröten überwiegend in trockenem Gelände auf. Das Fleisch der Argentinischen Landschildkröte ist sehr begehrt.

Die südamerikanische Waldschildkröte (Geochelone denticulata) lebt in dichten Regenwäldern und ernährt sich ausschließlich von pflanzlicher Kost. Ihr Fleisch wird von den Menschen sehr geschätzt. Von den indianischen Eingeborenen werden die Tiere „Jabuti" genannt.

NORDAMERIKANISCHE LAND-SCHILDKRÖTEN

Die vier nordamerikanischen Landschildkröten-Arten gehören der Gattung *Gopherus* an: Gopherschildkröte, Kalifornische Gopherschildkröte, Texas-Gopherschildkröte und Gelbrand-Gopherschildkröte.

Die Gopherschildkröte *(Gopherus polyphemus)* weist das größte Verbreitungsgebiet auf – sie ist in Florida, Südmississippi, Alabama, Südgeorgia und ganz im Osten von Louisiana beheimatet. Die Verbreitungsgebiete der einzelnen Arten sind verhältnismäßig klein und überschneiden sich nicht.

Gopherschildkröten können 40 cm lang und bis zu 11 kg schwer werden. Der Rückenpanzer zeigt eine braune Färbung mit deutlichen Jahresringen, der Bauchpanzer ist gelb gefärbt. Die Hinterbeine sind verhältnismäßig klein.

Gopherschildkröten zeigen zwei auffällige Merkmale: Das Kehlschild (vorderstes Schild des Bauchpanzers) reicht bei den Männchen bis unter das Kinn – die Tiere benutzen das Kehlschild bei Rivalitätskämpfen als Rammsporn, mit dem sie den Gegner auf den Rücken hebeln. Wenn es einem Männchen gelingt, seinen Gegner umzuwerfen, macht es sich mit dem Weibchen davon. Der Unterlegene versucht, indem er jede Unebenheit des Bodens ausnutzt, hin und her pendelt und sowohl Beine als auch den lang herausgestreckten Hals einsetzt, sich umzudrehen.

Die Vorderbeine sind breit und abgeflacht. Diese „Grabbeine" sind perfekt an die Lebensweise der Tiere angepaßt. Die Schildkröten graben damit lange Höhlen, in denen sie die trockene Jahreszeit und die heißen Tagesstunden verbringen. Erst in der Dämmerung, wenn die Temperaturen erträglicher werden, kommen die Tiere wieder an die Erdoberfläche, um sich auf Nahrungssuche zu begeben.

Gopherschildkröten ernähren sich vorwiegend von Sukkulenten und leben oft

in den Übergangsregionen zweier Ökosysteme, wie Waldregion und Weideland. Schon als Schlüpflinge graben die Tiere in lockerem oder sandigem Boden ihre Höhlen.

Gopherschildkröten sind sehr standorttreu, oft bewohnen sie ihr ganzes Leben lang die gleiche Höhle. Die Höhlen können bis zu 9 m lang und 4 m tief, gerade und kurvig sein und eine erweiterte Kammer aufweisen. Die Tiere sind das ganze Jahr hindurch aktiv, eine kurze Winterruhe legen sie nur während sehr kalter Wetterperioden ein.

Bei drohender Gefahr suchen die Schildkröten eilig ihre Höhlen auf und zwängen sich mit ausgestrecktem Kopf und ausgestreckten Beinen hinein.

Die Gopherschildkröte (Gopherus polyphemus) ist ein entfernter Verwandter der Kalifornischen Gopherschildkröte (Gopherus agassizi).

Die Höhlen werden oft von anderen Tieren, wie Käfern, Grillen, Spinnen, Eidechsen, Erdkröten, Mäusen und manchmal sogar von Schlangen, mitbewohnt. Keines dieser Tiere schadet den Schildkröten, manche Schildkröten kommen jedoch durch den Menschen zu Tode, wenn er zur Bekämpfung von Klapperschlangen Benzin in die Erdlöcher schüttet und sie anzündet.

Während der Balz läuft das Männchen um das Weibchen herum und macht durch Auf- und Abbewegen des Kopfes auf sich aufmerksam. Das Männchen verbeißt sich während der Paarung in den Beinen und dem vorderen Panzerrand des Weibchens, um eine stabile Stellung einzunehmen. Die Weibchen legen von April bis Juli vier bis sieben Eier ab.

Der Mensch stellt den Hauptfeind erwachsener Gopherschildkröten dar, Stinktiere, Waschbären und Schlangen plündern oft die Nistplätze und fressen die Schlüpflinge.

Da der natürliche Lebensraum der Tiere durch Bebauung und landwirtschaftliche Nutzung zunehmend zerstört wurde und die Schildkröten immer öfter Opfer des Straßenverkehrs wurden oder als bedauernswerte Haustiere von den Menschen zu Tode „gepflegt" wurden, hat man sie mittlerweile unter Naturschutz gestellt.

Die Kalifornische Gopherschildkröte *(Gopherus agassizi)* kommt in den Vereinigten Staaten in Südnevada, im Südosten Kaliforniens, in Westarizona und im äußersten Südwesten Utahs vor, man findet sie auch im nördlichen Baja California, Westsonora und im Nordwesten Sinaloas in Mexiko.

Sie ist der Gopherschildkröte in Größe und Färbung sehr ähnlich, weist aber deutlichere Jahresringe sowie ein verlängertes Kehlschild auf. Manchmal befindet sich in der Mitte jedes Schildes ein gelber oder orangefarbener Fleck. Die Hinterbeine sind größer, und der Kopf ist schmaler als bei den Gopherschildkröten.

Kalifornische Gopherschildkröte und Gopherschildkröte besiedeln sehr unterschiedliche Standorte. Die Gopherschildkröte bevorzugt Waldregionen oder Weideland, während die Kalifornische Gopherschildkröte trockenere Habitate mit starken Temperaturunterschieden zwischen Tag und Nacht sowie geringer Luftfeuchtigkeit bewohnt.

In nördlichen Regionen wechseln die Tiere zwischen einem „Sommer-" und einem „Wintersitz". Die Schildkröten tolerieren große Hitze und leben im Sommer in Wüsten und ausgetrockneten Flußbetten.

Nachts ruhen sie in flachen Höhlen aus, die sie sich in kiesigen oder sandigen Boden in der Nähe von Büschen graben. Um extreme Kälteperioden zu überstehen, überwintern die Tiere (manchmal gemeinsam) in den Vorgebirgen in großen, tiefen Höhlen.

Die Höhlen werden oft 5 m tief in den harten Boden gegraben. In südlichen Regionen sind solche Vorsichtsmaßnahmen nicht notwendig.

Die Kalifornische Gopherschildkröte ernährt sich von Gräsern, Blättern und Wüstenblumen. Am frühen Morgen und späten Nachmittag suchen die Tiere nach Nahrung.

Gegenüberliegende Seite: Die Kalifornische Gopherschildkröte (Gopherus agassizi). Das kalifornische „Staatsreptil" steht als bedrohte Art unter Naturschutz.

Oben: Kalifornische Gopherschildkröten ziehen unstet in ihrem Habitat umher und legen zwischen Sommer und Winter große Strecken zurück, um extremen Temperaturschwankungen zu entgehen.

HALSWENDER-SCHILDKRÖTEN

Eine Abhandlung über Schildkröten wäre unvollständig, wenn nicht auch einige Vertreter der beiden Familien Pelomedusen-Schildkröten *(Pelomedusidae)* und Schlangenhalsschildkröten *(Chelidae)* besprochen würden, die der Unterordnung der Halswender *(Pleurodira)* angehören.

Die Querfortsätze der Halswirbel sind bei den Halswender-Schildkröten kräftig ausgebildet. Sie können ihren Kopf nicht (Schlangenhalsschildkröten) oder nur unvollständig *(Pelomedusen)* senkrecht unter den Panzer ziehen, sie legen ihn vielmehr durch eine S-förmige Krümmung der Halswirbelsäule seitlich in die vordere Panzeröffnung ein. Das Becken ist fest mit dem knöchernen Bauchpanzer verwachsen.

Vor 70 Millionen Jahren waren die Halswender auf beiden Seiten des Äquators beheimatet, heute kommen sie nur noch auf der Südhalbkugel – in Südamerika, Teilen Afrikas und auf Madagaskar – und als einzige Landschildkröten in Australien vor.

Die größte Halswender-Schildkröte aus der Familie der *Pelomedusidae* ist die Arrauschildkröte *(Podocnemis expansa)*, die in den Flußgebieten des Amazonas und des Orinoko lebt.

Die Tiere haben flache, braune Rückenpanzer, graue Bauchpanzer, schwarze Köpfe mit gelber Zeichnung sowie spitze Schnäbel.

Die Weibchen erreichen eine durchschnittliche Größe von 73 cm und ein Gewicht von 26 kg, manche Exemplare können sogar 1 m lang und 75 kg schwer werden. Die Männchen sind kleiner und weniger zahlreich als die Weibchen.

In mancher Hinsicht ähnelt die Arrauschildkröte den Meeresschildkröten: Sie ist groß, lebt im Wasser, sucht nachts

bevorzugte „Gemeinschaftsgelege" auf und legt viele Eier ab (100 und mehr). Die Eiablage erfolgt wie bei den Meeresschildkröten nur alle drei oder vier Jahre (in diesen Jahren werden jedoch mehrere Eigruben angelegt). Die erwachsenen Tiere sind reine Pflanzenfresser und nehmen besonders gerne Früchte zu sich.

Seit mehr als 150 Jahren stellen die Einheimischen dieser Schildkröte intensiv nach. Die Tiere werden geschlachtet, und die Gelege geplündert, um aus den Eiern ein technisches Öl zu gewinnen.

In den letzten 40 Jahren ist der Artbestand in bedenklichem Maße zurückgegangen: Man schätzt, daß ein Legeplatz im Jahre 1800 von 330 000 Tieren ausgesucht wurde; 1945 hatte sich die Anzahl bereits auf 123 000 reduziert, 1956 waren es 36 000 Tiere, 1969 weniger als 14 000. Obwohl die Arrauschildkröte zu den bedrohten Arten zählt, steht sie nur in einigen Gebieten unter Naturschutz.

Die Terekay-Schildkröte *(Podocnemis unifilis)* besitzt einen hohen, kuppelförmigen Rückenpanzer und erreicht eine Carapaxlänge von etwa 40 cm. Sie ist in Weihern und Seen, seltener in Flüssen verbreitet.

In Afrika kommen mehr Pelomedusen-Schildkröten *(Pelomedusidae)* vor, als irgendwo sonst auf der Erde. Am weitesten verbreitet ist die Starrbrust-Pelomeduse *(Pelomedusa subrufa)*.

Man findet sie fast auf dem gesamten Kontinent südlich der Sahara. Der Rückenpanzer ist olivbraun, der Bauchpanzer ist gelblich gefärbt und besitzt kein Quergelenk. Die Tiere werden etwa 40 cm groß.

Südlich der Sahara leben weitere Arten. Schildkröten der Gattung *Pelusios* haben einen gelenkig gegliederten Bauchpanzer und können den Vorderlappen zum Schutz von Kopf und Vorderbeinen verschließen.

Ansammlung von Terekay-Schildkröten (Podocnemis unifilis). *Diese südamerikanischen Halswender-Schildkröten waren früher beliebte Haustiere.*

Zur Familie der Schlangenhalsschildkröten *(Chelidae)* gehören zehn Gattungen, die nur in Südamerika, Neuguinea und Australien vorkommen. Bei einigen Gattungen sind die Wirbelplatten des knöchernen Rückenpanzers im hinteren Teil oder sogar vollständig unterdrückt. Die hornigen Wirbelschilder sind dagegen stets entwickelt. Manche Tiere haben einen derart langen Hals, daß er zusammen mit dem Kopf die Länge des Rückenpanzers erreicht.

In Australien sind acht Arten der Schlangenhalsschildkröte bekannt. Die Glattrückige Schlangenhalsschildkröte *(Chelodina longicollis)* ist am bekanntesten und im Südwesten Australiens (in Teilen der Staaten Südaustralien, Victoria, New South Wales und Queensland) weit verbreitet.

Die Carapaxlängen erwachsener Tiere betragen im Durchschnitt 21 cm, können aber auf eine maximale Länge von 37 cm heranwachsen. Der Panzer ist braun oder schwarz und hat eine faltige Struktur. Die Oberseite des Halses erscheint dunkel und warzig, die leuchtenden, starren Augen verleihen den Tieren ein bedrohliches Aussehen.

Glattrückige Schlangenhalsschildkröten ernähren sich von Fröschen, Kaulquappen, Wasserinsekten und gelegentlich von Fisch.

Die größte Art ist die Riesen-Schlangenhalsschildkröte *(Chelodina expansa)*, ein Flußbewohner, der in Queensland, New South Wales und Victoria beheimatet ist. Die Tiere werden etwa 34 cm groß, können aber in Ausnahmefällen eine Panzerlänge von 52 cm erreichen. Der Kopf ist flach und breit, die Ernährung ist ähnlich wie bei den Glattrückigen Schlangenhalsschildkröten.

Die Schmalbrust-Schlangenhalsschildkröte *(Chelodina oblonga)* lebt auf Neuguinea und in Nord- und Westaustralien. Der Hals ist länger als bei allen anderen Schildkrötenarten und so dick und muskulös, daß ihn die Tiere nicht mehr unter den Panzer legen können. Beim Laufen halten die Schildkröten ihren langen Hals und den Kopf gerade ausgestreckt vor den Panzer.

Die Breitrand-Spitzkopfschildkröte *(Emydura macquarrii)* ist innerhalb der Gattung *Emydura* die am meisten verbreitete Art. Man findet sie überall im Murray River und seinen Nebenflüssen (in Südaustralien, New South Wales und Victoria) und in manchen Gebieten Westaustraliens.

Die Arrauschildkröte (Podocnemis expansa) *gehört den südamerikanischen Halswender-Schildkröten an. Ihr Fleisch wird von den einheimischen Stämmen sehr geschätzt.*

Die Tiere erreichen eine maximale Länge von 40 cm. Der bei Jungtieren meist flache und sehr breite Panzer verformt sich während des Wachstums zu einer ovalen Form. Er ist braun gefärbt und hat eine faltige Struktur. Breitrand-Spitzkopfschildkröten haben einen kleinen, spitzen Kopf mit leuchtenden, hervorstehenden Augen, am Kinn befinden sich in der Regel zwei Barteln.

Die Nahrung besteht aus Fröschen, Kaulquappen und Wasserpflanzen. Bemerkenswert ist das energische, aggressive Verhalten der Breitband-Spitzkopfschildkröten – jeder Versuch, die Tiere zu berühren oder zu fangen, wird mit schmerzhaften Bissen bestraft.

In Südamerika sind zwei Schlangenhalsschildkröten-Arten beheimatet, die beide der Gattung *Hydromedusa* angehören. Die Argentinische Schlangenhalsschildkröte *(Hydromedusa tectifera)* ist in Argentinien, Uruguay, Paraguay und Südbrasilien weit verbreitet. Die Tiere besitzen einen dunkelbraunen oder schwarzen Rückenpanzer mit einer Länge von 20 bis 25 cm und einen gelbbraunen Bauchpanzer. Hals, Kopf und Beine sind an der Oberseite dunkelgrau, die Unterseite des Kopfes ist blaßgelb mit kleinen grauen Flecken. Die Weibchen werden größer als die männlichen Tiere.

Über die Lebensgewohnheiten der Argentinischen Schlangenhalsschildkröten ist nur sehr wenig bekannt. Angeblich sind die Tiere nervös und scheu und sollen diese Eigenschaften selbst in Gefangenschaft beibehalten. Schnecken zählen zur bevorzugten Nahrung, aber auch Kaulquappen und Wasserinsekten werden vertilgt.

Zweifellos ist die Fransenschildkröte oder Matamata *(Chelus fimbriatus)* die bemerkenswerteste und absonderlichste Gestalt unter den Schildkröten. Diese Wasserschildkröte ist in den Flußgebieten des Amazonas und des Orinoko im Norden Südamerikas verbreitet.

Der Panzer kann bis zu 40 cm lang werden, der Hals ist außergewöhnlich lang und muskulös. Der Kopf ist flach

Die Fransenschildkröte (Chelus fimbriatus) *ist die absonderlichste Gestalt unter allen Schildkröten.*

und läuft in einen biegsamen Schnorchel aus. Er erscheint durch je ein seitliches Hautsegel an beiden Seiten im Umriß dreieckig und weist kleine Augen sowie breite Kiefer mit schwachen Kiefermuskeln auf. Die Beine sind klein und schwach ausgebildet.

Der lange Rückenpanzer und der Hals sind sehr rauh und uneben. An der Unterseite des Kopfes und des Halses hängen zottige Hautlappen. Die Färbung erwachsener Matamatas ist dunkelbraun oder schwarz, während sie bei Jungtieren meist intensiver braun ist und an Herbstlaub erinnert. Mit einer dicken Algenschicht auf dem Rückenpanzer fallen die erwachsenen Tiere in ihrer natürlichen Umgebung kaum auf.

Die Fransenschildkröte ist ein Ansitzjäger. Sie liegt bewegungslos am Grund von Bächen oder langsam fließenden Gewässern und streckt den Kopf gelegentlich zum Atmen an die Oberfläche. Schwimmt ein Fisch an ihrem Kopf vorbei, reißt die Matamata im Bruchteil einer Sekunde den riesigen, weit gespaltenen Rachen auf. Der Sog reißt den Fisch weit in den Schlund hinein. Das Wasser kann durch die leicht geöffneten Kiefer wieder entweichen, der Fisch wird im ganzen hinuntergeschluckt, da die Tiere keine Kauleisten besitzen.

MEERESSCHILDKRÖTEN

Vor etwa 150 Millionen Jahren haben sich einige Schildkrötenarten von den Sümpfen und vom Land wieder zurück ins Meer begeben. Vier verschiedene Familien der Meeresschildkröten *(Cheloniidae)* haben vor 100 Millionen Jahren die Erde bevölkert.

Meeresschildkröten weisen im Vergleich zu Sumpf- und Landschildkröten einige abweichende Merkmale auf. Am auffälligsten sind die flossenähnlichen Vorderbeine, die der Fortbewegung im Wasser dienen. Aus jeder Flosse ragen ein oder zwei Krallen frei heraus. Die kurzen, breiten Hinterbeine stellen die Steuerruder dar.

Im Inneren ist die knöcherne Struktur von Rücken- und Bauchpanzer reduziert, der Panzer ist stromlinienförmig. Meeresschildkröten können weder Hals und Kopf noch die Beine in den Panzer zurückziehen, sie besitzen jedoch zum Schutz des Kopfes ein geschlossenes Schädeldach. Alle Arten scheiden überschüssiges Salz mit Hilfe spezieller Drüsen aus.

Meeresschildkröten kommen in allen wärmeren und tropischen Meeren vor und verbringen praktisch ihr ganzes Leben – etwa ein halbes Jahrhundert – im Wasser. Nur die Weibchen gehen an Land, um ihre Eier abzulegen.

Alle Arten können auf hoher See leben, und obwohl manche Arten (z. B. Suppenschildkröten) große Strecken zwischen ihren Futter- und Nistplätzen zurücklegen, verbringen die meisten Arten den Großteil der Zeit im wärmeren, flacheren Gewässer in Küstennähe. Dies erleichtert die Futtersuche und die Paarung. Nur Leder- und Bastardschildkröten leben fast ständig im offenen Meer.

Als Hauptnahrung nehmen Meeresschildkröten Seegras und Algen sowie Krabben, Schnecken, Quallen, Muscheln und gelegentlich kleine Fische zu sich. Meeresschildkröten können eine Größe von 1 bis 2 m erreichen und haben, bis

auf den Menschen, nur wenig Feinde – manchmal werden sie von Haien oder Killerwalen angegriffen.

Der Panzer erwachsener Tiere ist (außer bei Suppenschildkröten) mit den verschiedensten Organismen bewachsen – Meeresalgen, Entenmuscheln, Krebstiere und Flechten. Auch Schildfische, lassen sich von Meeresschildkröten „spazierenfahren".

WANDERUNG UND PAARUNG

Um das Wanderverhalten der Meeresschildkröten zu erforschen, wurden die Tiere in den vergangenen 30 Jahren mit Metall- oder Plastikmarkierungen versehen. Dabei fand man heraus, daß die Schildkröten zwischen bestimmten Stränden und Nahrungsgründen hin- und herwandern. Ungeklärt ist noch immer, wie sich die Schildkröten auf dem offenen Meer orientieren. Wie finden z. B. weibliche Suppenschildkröten zur Eiablage an die Strände zurück, wo sie Jahrzehnte zuvor geschlüpft sind? „Es grenzt schon an ein Wunder, daß ein Tier, das über Wasser hoffnungslos kurzsichtig ist, die Insel Ascension mit einem Durchmesser von 10 km ausmachen kann, nachdem es 2000 km auf dem offe-

Die Unechte Karettschildkröte (Caretta caretta) *ist im Atlantischen, im Pazifischen und im Indischen Ozean sowie im Mittelmeer verbreitet.*

nen Meer zurückgelegt hat", kommentierte Pritchard diese Fähigkeit.

Manche Wissenschaftler vermuten, daß Geruchs-, Tast- und Gesichtssinn etwas damit zu tun haben: Schlüpflinge riechen und „knabbern" am Sand in der Umgebung ihrer Nistplätze, so als ob sie sich den Geruch und Geschmack genau einprägen wollten. Erwachsene Suppenschildkröten untersuchen den Sand, wenn sie zur Eiablage an Land gehen. Vielleicht können die Schildkröten aber auch mit Hilfe der Sonne und der Sterne navigieren.

Die Paarung der Meeresschildkröten erfolgt im Wasser; zur Eiablage, die normalerweise nachts stattfindet, verlassen die Weibchen das Wasser und schleppen sich – manchmal bis zu 100 m weit – den Strand hinauf, bis sie außer Reichweite der Flut sind. An einer geeigneten Stelle gräbt das Weibchen mit den Hinterflossen eine röhrenförmige Grube in den Sand. Beim Graben „weinen" die Tiere, um überschüssiges Salz aus ihrem Körper auszuscheiden.

Die Tiefe der Eigrube hängt von der Flossenlänge ab und kann 15 bis 60 cm betragen. Im Abstand von acht bis 12 Sekunden werden die Eier in der Grube plaziert. Das Weibchen faltet die Hinterflossen und läßt die Eier direkt in den Sand gleiten. Ein Gelege enthält etwa 50 bis 150 Eier, die einen Durchmesser von ungefähr 6 cm haben.

Die Eiablage dauert 15 bis 30 Minuten. In dieser Zeit sind die Tiere besonders gefährdet, da sie sich in einer Art Trancezustand befinden. Nach der Eiablage schaufeln die Schildkröten mit ihren Hinterflossen die Neströhre zu und pressen den Sand sorgfältig an. Den Nistplatz ebnen die Tiere mit ihrem schweren Körper ein. Alle Spuren werden verwischt, so daß das Nest kaum auszumachen ist. Schließlich schleppen sich die Weibchen zum Meer zurück.

Die Feinde der Schildkröten scheinen über den Ort und den Zeitpunkt der Eiablage genau informiert zu sein. Vom Menschen werden die Gelege geplündert, wobei sie die Tiere manchmal während der Eiablage töten. Während der Paarung werden die Tiere manchmal von Killerwalen angegriffen. Mit Hilfe ihres guten Geruchssinnes spüren Waschbären und Stinktiere die Nistplätze auf und fressen die Eier. Erst wenn nach einigen Tagen der Geruch des Weibchens verschwunden ist, ist das Gelege in Sicherheit.

Nach etwa zweieinhalb Monaten schlüpfen die Schildkröten. Offenbar finden sie sich nur durch die relative Helligkeit über der Meeresoberfläche zurecht. Viele Jungtiere fallen in den ersten Lebenstagen den verschiedensten Räubern, wie Möwen, Raben, Gespensterkrabben, Haien und Barschen zum Opfer.

Wenn die Jungtiere im Meer verschwunden sind, beginnt die Zeit der sogenannten „verlorenen Jahre", da man sie für ungewisse Zeit nicht mehr zu Gesicht bekommt.

Schildkrötenexperten vermuten, daß sich die Schlüpflinge auf einem „Floß" aus Seealgen und Tang fortbewegen und mit der Strömung treiben lassen, bis sie groß genug sind, um sich aufs offene Meer zu wagen. Man schätzt, daß nur eine von tausend Schildkröten die Geschlechtsreife erreicht.

Die Suppenschildkröte (Chelonia mydas) *ist die größte und verbreitetste Art unter den Meeresschildkröten; sie ist für ihre ausgedehnten Wanderungen bekannt.*

DIE SIEBEN ARTEN

Meeresschildkröten werden in zwei Familien eingeteilt: *Cheloniidae* mit sechs Arten: Wallriffschildkröte, Suppenschildkröte (oder Grüne Meeresschildkröte), Unechte Karettschildkröte, Echte Karettschildkröte, Bastardschildkröte, und Karibische Bastardschildkröte sowie die Lederschildkröten *(Dermochelyidae)* mit nur einer Art.

Die Suppenschildkröte *(Chelonia mydas)* lebt im Atlantischen, Pazifischen und Indischen Ozean sowie im Mittelmeer. Ihre Nistplätze liegen hauptsächlich an den Stränden Mittel- und Südamerikas, Asiens, Australiens, Indonesiens, Hawaiis, der Insel Ascension und in Europa.

Suppenschildkröten unternehmen ausgedehnte Wanderungen. So schwimmen z. B. Schildkröten, die vor den Küsten Brasiliens leben, bis zur 2000 km entfernten Insel Ascension (Himmelfahrtsinsel), um ihre Eier abzulegen.

Die Suppenschildkröte ist die größte aller Meeresschildkröten. Sie kann Carapaxlängen von etwa 1,4 m und ein Gewicht von bis zu 160 kg erreichen.

Der Rückenpanzer der Suppenschildkröte ist weich und herzförmig, bei erwachsenen Tieren ist er braun gefärbt. Die Tiere weisen einen hellgelben Bauchpanzer, einen kleinen Kopf und einen abgerundeten Schnabel auf.

Suppenschildkröten ernähren sich vorwiegend von Seegräsern und Meeresalgen, sie nehmen aber auch Krustentiere, Quallen und Schwämme zu sich. Die gezähnelten Unterkiefer sind der pflanzlichen Nahrung gut angepaßt. Jungtiere bevorzugen tierische Nahrung.

Das Fleisch und die Eier der Suppenschildkröte stellen für die einheimischen Völker eine wichtige Nahrungsquelle dar; in Europa und Amerika gelten Schildkrötensteaks als Delikatesse. Als Folge davon ist der Bestand stark zurückgegangen, die Art steht heute auf der Roten Liste bedrohter Tiere.

Die Suppenschildkröte (Chelonia mydas) kommt in allen Meeren vor. Sie wurde von Peter Pritchard als „archetypische Meeresschildkröte" und von Archie Carr als „wertvollstes Reptil der Welt" bezeichnet.

An den Stränden Floridas versammelten sich früher viele Weibchen zur Eiablage; heute findet man nur noch eine Handvoll Tiere auf einem eng begrenzten Strandabschnitt. In Indonesien wurden 36 Millionen Eier allein im Jahre 1936 eingesammelt, zwischen 1967 und 1972 lag die durchschnittliche Anzahl nur noch bei 320 000.

Die Wallriffschildkröte *(Natador depressus)* lebt vor den Küsten Nordaustraliens. Die Tiere weisen eine durchschnittliche Größe von 90 cm und ein Gewicht von 60 kg auf. Der flache Rückenpanzer ist am Rand aufgebogen, die Vorderflossen sind verhältnismäßig kurz.

Über Verhalten, Wanderungen und Freßgewohnheiten der Tiere ist nur sehr wenig bekannt. Die Gelege enthalten weniger (durchschnittlich 50), dafür aber um so größere Eier, wie man sie auch bei Lederschildkröten findet. Die Gelege werden oft von Waranen und Füchsen geplündert. Die Schlüpflinge fallen häufig Möwen oder Gespensterkrabben zum Opfer.

Die Unechte Karettschildkröte *(Caretta caretta)* besitzt einen großen, breiten Kopf. Mit einer Carapaxlänge von bis zu 1 m und einem Gewicht von 130 kg zählt sie zu den größeren Arten. Ihr Rückenpanzer ist rötlich-braun, der Bauchpanzer gelb-orange gefärbt.

Zu den Verbreitungsgebieten zählen Atlantischer Ozean (Nistplätze in Florida), Mittelmeer, Indischer Ozean (vor Südafrika und Madagaskar) und Pazifischer Ozean (in der Nähe von Japan, China, Australien und Mexiko).

Die Nistplätze liegen weit vom Äquator entfernt, und zwar genau nördlich des Wendekreises des Krebses und südlich des Wendekreises des Steinbocks. Wie die Suppenschildkröte ist auch die Unechte Karettschildkröte ein unermüdlicher Wanderer.

Die Tiere sind Allesfresser mit einer Vorliebe für tierische Nahrung, wie Krabben, Muscheln, Seeigeln, Quallen, und Fische; auch Seegräser werden verzehrt.

Die Unechte Karettschildkröte wurde wegen ihres Fleisches und ihrer Eier gejagt, so daß der Bestand stark zurückgegangen ist und die Art inzwischen auf der Liste geschützter Tiere steht. Die Hauptgefahr geht heute von den Schleppnetzen der Krabbenfischer aus, in denen sich die Tiere verfangen und ertrinken.

Die Echte Karettschildkröte *(Eretmochelys imbricata)* hat einen langen, schmalen Kopf mit einem spitz zulaufenden Schnabel. Sie kommt meist in tropischen Gewässern vor – in der Karibik (Kuba, Panama, Costa Rica), nördlich von Madagaskar, in Indonesien und vor der Nordostküste Australiens.

Je nach Standort weisen die Tiere unterschiedliche Größen auf: Die durchschnittliche Carapaxlänge liegt in der Karibik bei 75 bis 90 cm, das Gewicht bei 45 bis 75 kg, asiatische und pazifische Exemplare werden dagegen 60 bis 75 cm groß und 30 bis 40 kg schwer. Der Rückenpanzer ist herzförmig, die Färbung kann bernsteinfarben, dunkelbraun oder -grün sein. Der Kopf und die Oberseite der Beine sind dunkelbraun oder schwarz, der Bauch sowie die Unterseite der Beine sind weißlich-gelb oder gelb-orange gefärbt.

Die Echte Karettschildkröte ist ein Allesfresser mit einer Vorliebe für wirbellose Meerestiere, wie Schnecken, Krustentiere, Muscheln, Quallen und Schwämme.

Unter allen Meeresschildkröten legen Echte Karettschildkröten die meisten Eier ab – in der Karibik ewa 160 Eier pro Gelege. Während andere Arten in großen Gruppen die Nistplätze aufsuchen, tritt die Echte Karettschildkröte häufig einzeln oder in kleinen Gruppen auf.

Echte Karettschildkröten sind weniger wegen ihres Fleisches, sondern wegen ihrer wunderschönen Schilder geschätzt, die fälschlicherweise als „Schildpatt" bezeichnet werden. Wenn man die dicken, überlappenden Hornschilder vom Rückenpanzer löst und poliert, treten die rötlich-braunen oder schwarzen, strahlenförmigen Streifen hervor.

Gegenüberliegende Seite: Die Unechte Karettschildkröte (Caretta caretta) *hat einen langen, rötlich-braunen Rückenpanzer und einen großen Kopf.*

Folgende Doppelseite: Die leuchtenden Schilder der Echten Karettschildkröte (Eretmochelys imbricata) *werden zu Schildpattprodukten verarbeitet. Im Orient werden ausgestopfte Jungtiere oft als Wohnungs- und Bürodekoration verwendet.*

Linker Bildausschnitt: Suppenschildkröte (Chelonia mydas). Rechter Bildausschnitt: Echte Karettschildkröte (Eretmochelys imbricata).

Aus Indonesien werden Jungtiere nach Japan importiert, wo sie ausgestopft und lackiert als Wandschmuck verkauft werden. Welche Ironie des Schicksals ist es doch, daß sie dort ausgerechnet als Symbol der Langlebigkeit an den Wänden hängen. Im Orient ereilt das gleiche Schicksal ungefähr 10 000 Jungtiere pro Jahr, und in Mexiko ist diese Unsitte ebenfalls verbreitet. Heute gilt die Art als vom Aussterben bedroht.

Die Karibische Bastardschildkröte (*Lepidochelys kempii*) ist die kleinste, seltenste und am meisten bedrohte Art unter den Meeresschildkröten; sie lebt nur im Golf von Mexiko und in den flachen Küstengewässern im Osten der USA. Die Tiere weisen nur selten größere Carapaxlängen als 76 cm und ein Gewicht von 30 bis 45 kg auf.

Rückenpanzer, Haut und Bauchpanzer der Schlüpflinge sind grau gefärbt, mit zunehmendem Alter verfärben sich Bauchpanzer, Hals sowie die Unterseite der Schultern zartgelb, und der Rückenpanzer nimmt manchmal eine olivgrüne Färbung an.

Die Nahrung besteht überwiegend aus Krebsen, Krabben, Muscheln, Hummer, Quallen und Schnecken.

Gegen eine Gefangennahme setzen sich die Tiere mit äußerster Heftigkeit zur Wehr; sie schnappen wild um sich, bis sie völlig erschöpft sind.

Erst seit 1963 ist das ungewöhnliche Nistverhalten der Karibischen Bastardschildkröte bekannt. Die Tiere legen ihre Eier hauptsächlich an einem abgelegenen Strand in der Nähe von Rancho Nuevo im mexikanischen Tamaulipas ab. Die Weibchen schließen sich vor den Küsten zu Gruppen zusammen und schwärmen alle gleichzeitig und – im Gegensatz zu den meisten anderen Arten – tagsüber an die Strände aus.

Dieses Ereignis ist unter dem Namen *arribada* (Ankunft) bekannt und wiederholt sich in der Zeit zwischen April und Juni insgesamt 3mal. Nach ein paar Wochen kehren die Tiere an einen anderen Strandabschnitt zurück, um erneut Eier abzulegen.

Obwohl die mexikanische Regierung bereits seit 1966 versucht, die Tiere bei der Eiablage vor Wilddieben zu schützen, geht der Bestand der Karibischen Bastardschildkröte weiter zurück. In den vergangenen Jahren haben nur noch etwa 400 Weibchen pro Legeperiode die Niststrände von Rancho Nuevo aufgesucht.

Einziger weiterer Hauptfeind der Karibischen Bastardschildkröte sind die Krabbentrawler – in den Schleppnetzen ertrinken jährlich 750 Tiere.

Die etwas größere Gewöhnliche Bastardschildkröte (*Lepidochelys olivacea*) ist in den tropischen Gewässern des Pazifischen, Indischen und Südatlantischen Ozeans beheimatet. Der Rückenpanzer ist dünner und schmaler und weist eine gleichmäßige olivgrüne Färbung auf, auch der Schädel ist schmaler und leichter gebaut und mit weniger muskulösen Kiefern ausgestattet.

Gewöhnliche Bastardschildkröten halten sich nicht nur in Küstengewässern auf, sondern schwimmen weit hinaus aufs offene Meer. Ihre Nahrung besteht hauptsächlich aus Krabben, Muscheln, Hummer, Quallen und Schnecken.

Auch Gewöhnliche Bastardschildkröten kommen zur Eiablage in Gruppen an den Strand. Die Eiablage findet jedoch nachts statt. Die Nistplätze liegen im

Südatlantik in Surinam und Costa Rica, an mehreren Stellen an der Westküste Mexikos und in Indien an der Küste von Orissa. Die Eiablage erfolgt je nach Standort das ganze Jahr hindurch.

Da die Gelege in der Vergangenheit bedenkenlos geplündert wurden, ging der Bestand drastisch zurück. Heute steht die Art auf der Liste bedrohter Tiere, und sowohl Schildkröten als auch Eier stehen unter Naturschutz.

Die größte Meeresschildkröte – und gleichzeitig das größte Reptil der Welt – ist die Lederschildkröte *(Dermochelys coriacea)*. Die Physiologie dieser Tiere weicht so stark von der anderer Meeresschildkröten ab, daß sie eine eigene Familie *(Dermochelyidae)* bilden.

Der auffälligste Unterschied besteht darin, daß der Panzer dieser riesigen, faßförmigen Tiere bis auf winzige Reste zurückgebildet ist und durch einen Panzer aus mosaikähnlichen Knochenplättchen ersetzt wurde, die in einer dicken, lederartigen Haut eingebettet sind.

Lederschildkröten besitzen paddelförmige, krallenlose Flossen; massive, muskulöse Schultern und einen kräftigen Hals; einen großen, weichen Kopf mit relativ schwachen, scherenartigen Kiefern sowie weichhäutige Beine und einen weichen Hals. Männliche Tiere haben einen konkaven, leicht abgeflachten Bauchpanzer sowie einen spitz zulaufende Rückenpanzer und einen längeren Schwanz als weibliche Tiere.

Auf dem schwarzen Rückenpanzer verlaufen sieben Längskiele, auf der weißlichen Bauchseite fünf. Kopf und Beine sind ebenfalls schwarz gefärbt, Rückenpanzer und Flossen können mit weißen Flecken gesprenkelt sein. Lederschildkröten weisen Carapaxlängen zwischen 1 und 2 m und ein Gewicht zwischen 260 und 600 kg auf. 1988 wurde in Wales eine männliche Lederschildkröte mit einem Rekordgewicht von 750 kg angeschwemmt.

Über die Wanderungen, die Ernährung und das Verhalten der Lederschildkröten ist nur sehr wenig bekannt, in ihren Nistgewohnheiten gleichen sie jedoch den Meeresschildkröten. Die vollendeten „Tiefseetaucher" haben unter den Meeresschildkröten das größte Verbreitungsgebiet; sie sind in allen Weltmeeren zu Hause, leben einzeln in der Hochsee oder schließen sich bei ihren Wanderungen zu den Niststränden zu kleineren Gruppen zusammen.

Wenngleich die Tiere die meiste Zeit in wärmeren und tropischen Gewässern verbringen, können sie auch kältere Gewässer (z. B. vor den Küsten Islands, Kanadas und Argentiniens) bewohnen, da sie in der Lage sind, ihre Körpertemperatur der jeweiligen Umgebungstemperatur anzugleichen. Quallen zählen zur bevorzugten Nahrung.

Die Nistplätze sind auf der ganzen Welt verteilt: an den Küsten Floridas, in Jamaica, Französisch-Guayana, Nicaragua, Costa Rica, im Atlantik an der Westküste Südafrikas, in Natal, Ceylon, Indien, Thailand, Malaysia, Australien und im Pazifik vor Mexiko. Die Eiablage erfolgt einzeln oder in kleinen Gruppen, innerhalb der Legeperiode finden neun Ablagen in 9tägigen Abständen statt; die Gelege enthalten 50 bis 120 Eier.

Man kann nur schwer schätzen, wieviele Lederschildkröten auf der ganzen Welt leben, neueste Schätzungen sprechen von einem zunehmenden Artbestand.

Diese Zuwachsraten sind wohl weniger auf ein Ansteigen der Populationsdichte, als vielmehr auf das Auffinden neuer Nistplätze zurückzuführen. Man schätzt, daß heute mindestens 120 000 Weibchen existieren.

Nach wie vor wird dieser Art wegen ihres Fettes nachgestellt, obwohl synthetische Ersatzstoffe auf dem Markt sind. Darüber hinaus sind in den letzten Jahren viele Lederschildkröten an einem Darmverschluß eingegangen, da sie im Meer treibende Plastiktüten für Quallen hielten.

Auch die „Königin der Meeresschildkröten" gilt heute als vom Aussterben bedroht.

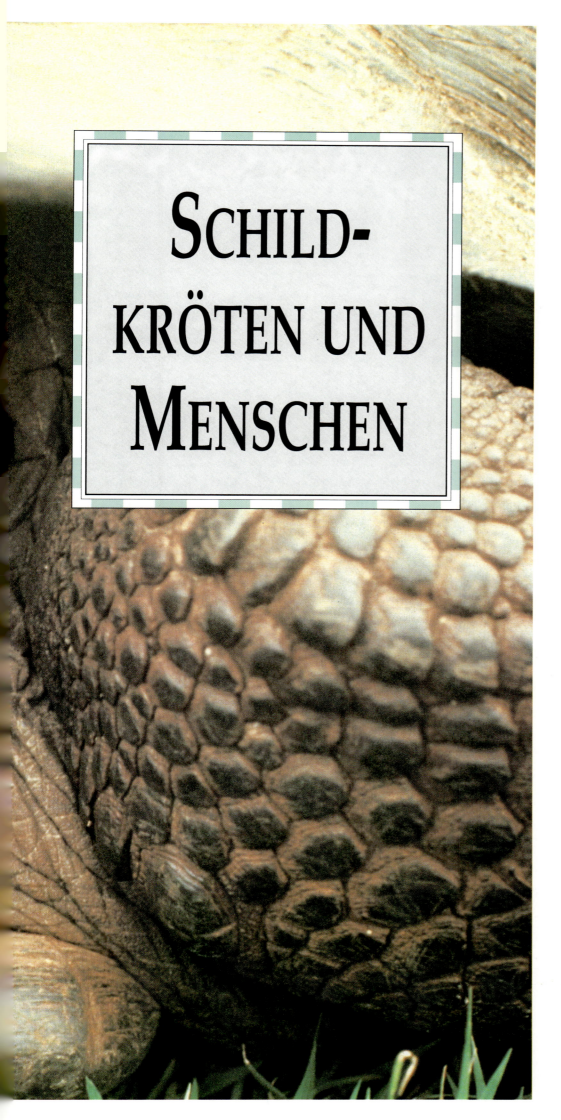

Schildkröten und Menschen

Kapitel 3

Die Haltung der Menschen Schildkröten gegenüber war schon immer sehr unterschiedlich und widersprüchlich. Für manche waren sie Studienobjekte, andere hielten sie als Haustiere und verehrten sie, wieder andere aßen ihr Fleisch stellten ihnen wegen der Eier, ihrem Fett und ihrer Haut nach und beuteten sie gedankenlos aus.

Die Menschen haben die Schildkröten abwechselnd wie wertvolle Geschöpfe und – um mit den Worten Shakespeares zu sprechen – wie „Blöcke, Felsen und schlechter als gefühllose Gegenstände" behandelt.

Archie Carr bemerkt in seinem Buch *Reptiles* folgendes: „Nach 150 Millionen Jahren paläontologischen Disasters sind von der ungeheuren Vielzahl an Reptilien gerade vier klägliche Ordnungen übriggeblieben. Der Mensch hingegen hat innerhalb weniger Jahrhunderte durch sein kritikloses Abschlachten viele überlebende Arten an den Rand des Aussterbens gebracht."

In den letzten Jahrzehnten wurden Hunderttausende von Schildkröten auf grausame Weise abgeschlachtet, nur um als kulinarischer Leckerbissen zu enden oder zu Wandschmuck und anderen Luxusprodukten, wie Kämme, Gürtel, Armreife oder Einlegearbeiten verarbeitet werden.

Das Verhalten des Menschen gegenüber den Schildkröten zeigt einmal mehr, wie rücksichtslos, unüberlegt und verantwortungslos er mit seiner Umwelt umgeht und wie wenig er an das Wohlergehen und Überleben kommender Generationen denkt.

Schildkröten in Märchen und Sagen

Früher war die Schildkröte in ihren gesamten Verbreitungsgebieten Teil der Kulturgeschichte der Menschen. Schildkröten waren im 6. Jahrhundert auf griechischen Münzen abgebildet und sind heute auf Briefmarken auf der ganzen Welt zu finden.

Schildkröten haben auch in der Religions- und Kunstgeschichte vieler Völker eine Rolle gespielt, vor allem in China, Japan und Indien wurden Schildkröten in Gemälden und als Skulpturen dargestellt.

In alten Märchen und Legenden wird die Schildkröte fast immer als Symbol der Stärke, Widerstandsfähigkeit, Gutmütigkeit und Weisheit verehrt. Die älteste Legende – in der die Schildkröte als Wiedergeburt des mächtigen Gottes Vishnu betrachtet wird – kommt aus Indien und entstammt dem Hinduismus.

Nach einer großen Flut, die die Erde alle vier Milliarden Jahre heimsucht und vernichtet, verwandelt sich Vishnu in eine riesige Schildkröte. Allein mit Hilfe seiner Willenskraft befördert er auf seinem Rücken das Gefäß, in dem Götter und Dämonen die Elemente für die Neuerschaffung der Erde vermischen. Als die Erde nach tausend Jahren wiedergeboren ist, verbleibt die Schildkröte an der gleichen Stelle, auf ihrem Rücken steht jetzt ein großer Elefant (in manchen Darstellungen sind es vier kleine Elefanten), um den Planeten zu tragen.

In alten chinesischen Sagen taucht die Drachenschildkröte Kwei erstmals nach der Zerstörung der Erde auf, um Himmel und Erde innerhalb von 18 000 Jahren neu zu erschaffen. Später lebt Kwei in Gestalt verschiedener Wächterschildkröten fort, um die Menschen dabei zu unterstützen, Wahrheit und Weisheit zu erlangen.

In anderen chinesischen Märchen entsteht die Welt aus dem Körper einer riesigen Schildkröte: Im Bauchpanzer befinden sich die Ozeane, die alle Kontinente der Erde umgeben, aus dem großen, gewölbten Rückenpanzer bildet sich das Himmelszelt mit Sternen und Planeten.

Die Ureinwohner Amerikas teilten mit den asiatischen Kulturen die Verehrung der Schildkröten. Die meisten Volkssagen, in denen der Schildkröte eine wichtige Rolle bei der Entstehungsgeschichte der Erde zukommt, stammen wahrscheinlich sogar von den eingeborenen Stämmen Amerikas. Für viele Stämme stellte ihr eigenes Land den Rückenpanzer einer riesigen „Mutterschildkröte" dar, die in einem weiten Ur-Ozean umherschwamm. Fast jeder nordamerikanische Volksstamm hielt irgendeine Schildkrötenart für heilig.

In Mittelamerika wurde den Schildkröten von den Mayas bestimmte Stellungen zugewiesen, die mit ihren astronomischen und mathematischen Systemen verbunden waren. Das Überleben der Mayas basierte auf einer ertragreichen Landwirtschaft, deshalb verehrten sie die Schildkröten als mächtige „Regenmacher". Außerdem schrieben sie Schildkröten eine übernatürliche Überlebensfähigkeit zu, da sie beobachtet hatten, daß die Tiere selbst Waldbrände unbeschadet überstanden.

Schildkröten wurden im Alten Ägypten für heilig gehalten, wenngleich die überlieferte Geschichte ganz offensichtliche Widersprüche enthält: In manchen Perioden stellten Schildkröten das Anathema dar, Geschöpfe der Dunkelheit – das Gegenstück des Sonnengottes Rê. Sie wurden daher nicht gegessen oder zu Medizin verarbeitet; ein Spruch aus dieser Zeit besagt: „Rê soll leben, die Schildkröte soll sterben."

Die Alten Griechen und ihre Götter verehrten die Schildkröten als Heiligtum. Eine Fabel des legendären griechische Erzähler Aesop handelt von einem Wettlauf, den eine Schildkröte durch Entschlossenheit und Weisheit gegen einen Hasen gewinnt.

Heute schreiben nur noch wenige Völker den Schildkröten besondere Bedeutung zu, nur in Asien gelten die Tiere mitunter als heilig. Das bekanntestes Beispiel hierfür sind die Schildkröten der buddhistischen Tempelanlage Wat Po in Bangkok: In den Gewässern rund um die Tempel leben große, schwarze Tempelschildkröten *(Hieremys annandalii)* in großer Zahl.

Sie werden als Symbol der Unsterblichkeit betrachtet. Für die menschlichen Seelen stellen die Schildkröten auf dem Weg ins Nirvana vorübergehende Wohnorte dar. Eine vergleichbare Kolonie von Weichschildkröten *(Trionyx nigricans)* lebt in Chittagong, in Bangladesh.

Heute besteht meist nur noch ein praktisches und zweckmäßiges Interesse an Schildkröten. Die Eingeborenen auf den Seychellen beschenken zum Beispiel einen Säugling mit einer Aldabra-Riesenschildkröte, die bei seiner Hochzeit geschlachtet und als Festschmaus serviert wird.

Ein mikronesischer Eingeborener bringt eine Meeresschildkröte (Cheloniidae) *zum Schlachtplatz.*

Der Bestand an Schildkröten, insbesondere an Meeresschildkröten, nimmt weltweit ab. Verantwortlich hierfür sind die uneingeschränkte Nachfrage nach Schildkrötenfleisch und -eiern, der blühende Handel mit Schildpatt- und Lederprodukten, Beifänge in den Schleppnetzen der Krabbenfischer, die Zerstörung und Besiedelung der Nistplätze durch den Menschen sowie die Umweltverschmutzung.

Menschen und Schildkröten heute

Hat der Mensch das Recht, Schildkröten für seine Zwecke zu benutzen – sie zu töten, ihr Fleisch und ihre Eier zu essen, ihre Häute und Panzer zu Kleidung und Dekorationsstücken zu verarbeiten? Diese Frage ist zwar berechtigt, führt aber zu keinem Ergebnis. Deshalb ist es wichtiger, sich mehr auf die folgenden Fragen konzentrieren: Was bedeuten vernünftige Nutzung bzw. Mißbrauch? Worin besteht die größte Bedrohung der Schildkröten durch den Menschen? Welche Arten sind am stärksten gefährdet? Welche Folgen hat die Ausbeutung, und welche Anstrengungen wurden unternommen, um die Schildkröten vor der Ausbeutung zu bewahren?

Schildkrötenfleisch

Seit 20 000 Jahren dienten Schildkröten dem Menschen, mehr als jedes andere Reptil, als Nahrung. In der westlichen Welt gilt Schildkrötenfleisch heute meist als Delikatesse oder etwas besonders Ausgefallenes, in vielen vorindustriellen Gesellschaften stellen Fleisch und Eier der Schildkröten jedoch ein Grundnahrungsmittel und eine wichtige Eiweißquelle dar.

Schildkröten werden weltweit mit Pfeil und Bogen, Speeren, Harpunen und Netzen gejagt. Vor allem Landschildkröten stellen eine leichte Beute dar. Peter Pritchard bemerkt hierzu, daß „sie eine einzigartige, für sie verheerende Kombination an Merkmalen aufweisen; sie ... schmecken köstlich, sind lächerlich einfach zu fangen und besitzen überhaupt keine Verteidigungsstrategien."

In den Ländern der Dritten Welt werden Fleisch und Eier nur für den unmittelbaren Bedarf verwendet; auf lange Sicht hat dies meist keine negativen Auswirkungen auf die Bestandsdichte der einheimischen Schildkröten. Für viele dieser Menschen ist das Jagen der Tiere zum Überleben erforderlich.

Fritz Obst hat es in seinem Buch *Turtles, Tortoises and Terrapins* prägnant formuliert: „... nicht die Nutzung durch primitive Völker hat zur Vernichtung der Tiere geführt, sondern das unmäßige Eingreifen profitgieriger, ‚zivilisierter' Nationen in das Leben und die Natur tropische Länder und ihrer Bevölkerung."

Der europäische Forscher Walter Henry Bates lebte Mitte des 19. Jahrhunderts elf Jahre im Amazonas-Gebiet und beschrieb in seinem 1863 erschienenen Buch *The Naturalist on the River Amazonas* die Fangmethoden von Siedlern und Einheimischen. Sie töteten die Schildkröten wegen ihres Fleisches und plünderten die Eier, um Öl zum Kochen und für die Beleuchtung zu gewinnen.

Oben: Überreste gewilderter Suppenschildkröten (Chelonia mydas) *in Baja California*

Rechts: Schlachthof für Meeresschildkröten (Cheloniidae) *in Costa Rica*

Die Siedler überredeten die Eingeborenen, das Öl gewinnbringend zu verkaufen, daraufhin stieg die Nachfrage sprunghaft an. Basierend auf der Anzahl der gesamelten Ölbehälter und der dafür erforderlichen Anzahl an Eiern schätzt Bates, daß in dieser Zeit innerhalb eines Jahres 48 Millionen Eier zerstört worden sind.

Das maßlose Einsammeln der Eier im Amazonas-Gebiet hat in diesem Jahrhundert dazu geführt, daß die Arrauschildkröte ernsthaft vom Aussterben bedroht ist.

Von allen Schildkröten sind heute die großen Meeresschildkröten aufgrund der Nachfrage nach Fleisch, Haut und Panzer am meisten gefährdet. Anhand ihres Schicksals läßt sich beispielhaft auch das Schicksal anderer Schildkrötenarten auf der ganzen Welt beschreiben, wenngleich diese nicht so drastisch betroffen sind.

Am meisten gejagt werden heute die Suppenschildkröten, dennoch gelten sie nicht als die am stärksten bedrohte Art (dieses zweifelhafte Vergnügen kommt der Karibischen Bastardschildkröte zu). Die Ausbeutung begann Mitte des 17. Jahrhunderts, als die Britische Kolonie auf Jamaika Boote zu den Cayman-Inseln (sie galten als die größten Nistgründe der Suppenschildkröten, die jemals existierten) aussandte, um von dort das begehrte Schildkrötenfleisch zu beschaffen. Seit dem Jahr 1688 wurden jährlich 13 000 Suppenschildkröten nach Jamaika verschifft.

Schlüpfling einer Falschen Landkartenschildkröte
(Graptemys pseudogeographica)

Anfang des 18. Jahrhunderts wurde das Sammeln von Schildkröteneiern auf allen jamaikanischen Inseln zwar gesetzlich verboten, aber nicht gerichtlich geahndet. Mitte des 18. Jahrhunderts existierten auf den Cayman-Inseln nur noch wenige Nistplätze; 1840 mußten die Schiffe bis an die Miskitoküste vor Nicaragua segeln, um an das Schildkrötenfleisch zu kommen. Um 1900 waren die Nistkolonien auf den Cayman-Inseln völlig ausgerottet.

Die Geschichte der Miskitos an der Westküste Nicaraguas veranschaulicht, wie eng Wirtschafts- und Umweltprobleme miteinander verknüpft sind. Die Miskitos jagten Suppenschildkröten seit Jahrhunderten vom Boot aus mit Harpunen und galten als die besten Schildkrötenjäger der Karibik. Die Fänge wurden unter einem festlichen Zeremoniell in der Gemeinschaft aufgeteilt. Die Jagd wurde von den Miskitos ausschließlich für den Eigenbedarf betrieben.

Als die Europäer nach Mittelamerika kamen, erhielten die Miskitos anfangs Waren und später Geld für das Schildkrötenfleisch. Mit der Entwicklung von Ackerbau, Bergbau und Holzwirtschaft stieg auch der Bedarf an Schildkrötenfleisch; er wurde von den Miskitos gedeckt und stellte für sie nun die einzige Erwerbsquelle dar.

Innerhalb kurzer Zeit waren die Miskitos Opfer der Geldwirtschaft geworden und von ihr abhängig. Als manche Fabriken stillgelegt wurden, verschlechterte sich ihre Lage, und sie waren gezwungen, noch mehr Schildkröten zu jagen. In den 60er

Überreste einer Meeresschildkröte (Cheloniidae), *die wahrscheinlich Wilddieben zum Opfer gefallen ist.*

Jahren des 20. Jahrhunderts griffen ausländische Konzerne „helfend" ein, indem sie pflanzliche Schildkrötennahrung sowie Boote und Netze für den Fang zur Verfügung stellten.

Der Bestand der Suppenschildkröte hat im gleichen Maße abgenommen, in dem er für den Lebensunterhalt der Miskitos zunehmend wichtiger wurde. Die sozialen Bindungen, die durch die zeremonielle Verteilung des Schildkrötenfleisches geknüpft waren, bestanden nicht mehr, die Miskitos mußten jetzt Schildkröten verkaufen, um sich im Gegenzug andere Nahrung kaufen zu können: Mehl, Reis, Bohnen, Zucker und Kaffee. Was sollen die Miskitos tun, wenn sich die Schildkrötenjagd aus wirtschaftlicher Sicht nicht mehr lohnt? Auf der Verliererseite stehen in diesem Szenarium sowohl Miskitos als auch Schildkröten.

Auch andere Arten sind von den Plünderungen betroffen. Als Anfang der 60er Jahre die *arribadas* (große Gruppen von Schildkröten-Weibchen kommen zur Eiablage an Land) der Karibischen Bastardschildkröte in Tamaulipas bekannt wurden, folgte für fünf Jahre ein Massenabschlachten der erwachsenen Tiere und ein Plündern der Gelege.

Die Wilderer setzten Kolonnen mit 40 bis 50 Packeseln ein, mit denen sie die Eier abtransportierten – diese Plünderungen waren so gründlich, daß von den 40 000 nistenden Weibchen Anfang der 60er Jahre in den 70er Jahren nur noch 4000 übrig waren.

Unechte Karettschildkröte (Caretta caretta) *bei der Eiablage in der Nähe des Großen Barrier-Riffs in Australien*

Heute sind ungefähr noch 400 weibliche Tiere zu finden. „Selbst unter bester Bewachung wird die Art aussterben und für immer von der Erde verschwinden", äußerte Archie Carr in einem Interview.

Auch die Gelege der Gewöhnlichen Bastardschildkröte an der Südwestküste Mexikos wurden gnadenlos geplündert. Mehrere hunderttausend Tiere wurden in den 80er Jahren getötet, die Zahl nistender Weibchen hat von nahezu 100 000 Tieren jährlich seit 1968 auf 20 000 bis zur Mitte der 80er Jahre abgenommen. Die mexikanische Regierung bemüht sich zwar, Tiere und Eier mit Hilfe von Geldstrafen und bewaffneten Strandpatrouillen zu schützen, doch der Küstenabschnitt ist lang und die Gerichte sind überfordert.

Ein weiteres Anzeichen, daß zu viele Schildkröten getötet und zu viele Eier geplündert wurden, ist die abnehmende Körpergröße der Tiere. Anfang des 20. Jahrhunderts stellten Suppenschildkröten mit einem Gewicht von 200 kg keine Ausnahme dar, heute hingegen gelten 120 kg schwere Tiere als außergewöhnlich groß.

Verglichen mit dem Massenabschlachten der Meeresschildkröten hatte die Jagd auf die Tiere in Nordamerika und Europa einen geringeren, aber nicht unwesentlichen Einfluß auf die Bestandsdichte. Diamantschildkröten waren zu verschiedenen Zeiten des vergangenen Jahrhunderts mehrfach bedroht, ebenso gefährdet sind die Geierschildkröten.

Nachfrage nach Schildpatt und Schildkrötenhaut

Im Verlauf dieses Jahrhunderts hat der Handel mit Produkten aus Meeresschildkröten weltweit zugenommen. Als Folge davon sind mehrere Arten bereits fast ausgestorben.

Echte Karettschildkröten (Schildpatt) sowie Bastardschildkröten (Leder) sind davon am meisten betroffen. Schildpatt wird in geringerem Ausmaß auch aus Suppenschildkröten gewonnen. Aus Schildpatt und Schildkrötenleder werden Armreife, dekorative Kämme, Einlegearbeiten, Gürtel, Schuhe und Handtaschen gefertigt.

Japan, Mexiko und Indonesien stellen Schildkrötenerzeugnisse in großem Umfang her. Allein der japanische Handel hat seit 1970 etwa zwei Millionen Meeresschildkröten das Leben gekostet.

Schätzungen zufolge wurden 1980 17 Tonnen Rohschildpatt für die heimische Industrie nach Japan importiert, (eine Karettschildkröte liefert bis zu 4 kg Schildpatt) andere Quellen sprechen von einer jährlich importierten Menge von 40 Tonnen.

Die Vorliebe der Japaner für Schildpattprodukte ist im Zusammenhang mit der symbolischen Bedeutung der Tiere – Glück und Wohlstand – zu sehen. Trägt z. B. eine japanische Braut bei ihrer Hochzeit keinen Schildpattkamm im Haar, so steht ihr Unglück und Leid bevor. Nahezu 9000 junge Karettschildkröten werden jährlich lackiert und dienen ausgestopft als Wandschmuck. Dafür wurden Mitte der 80er Jahre jährlich 28 000 Karettschildkröten von Indonesien nach Japan exportiert.

In Mexiko und Ecuador wurden 1979 allein 150 000 Bastardschildkröten zur Herstellung von Lederprodukten getötet. Ein weiterer trauriger Punkt an der „Schildkrötenwirtschaft" ist die Tatsache, daß die „ausgeweideten" Tiere einfach über Bord geworfen oder am Strand zurückgelassen werden, da häufig nur die Haut als wertvoller Bestandteil gilt (man verwendet nur die Haut von Flossen und Hals).

Die Einwohner Indonesiens, wie etwa die Miskitos, haben sich im Netz der Geldwirtschaft verfangen. Anstrengungen zum Schutz der Tiere haben kaum gefruchtet – in Regionen mit hoher Arbeitslosigkeit stellt die Schildkrötenjagd nach wie vor die beste Einkommensquelle dar. Vom Handel mit Schildpatt und Schildkrötenhaut profitieren die Großhändler am meisten, für sie zählt nur der Provit.

Aus Schildpatt und Schildkrötenhaut werden ausschließlich Luxusprodukte hergestellt; hierfür müssen die Tiere auch weiterhin ihr Leben lassen, obwohl für alle Erzeugnisse inzwischen Ersatzstoffe auf dem Markt sind, die dem Original täuschend ähnlich sind.

Dr. Peter Pritchard, ein weltweit anerkannter Schildkrötenspezialist, beim Vermessen einer Lederschildkröte (Dermochelyidae).

Jährlich werden 45 000 Schildkröten – meist Unechte Karettschildkröten – gemeinsam mit mehreren Tonnen Fisch als Beifang in den Netzen der 10 000 bis 15 000 Krabbentrawler im Südosten der USA gefangen. Mit 1 kg Krabben gehen gleichzeitig 10 kg Fisch und anderer Beifang in die Netze.

Da die Netze vor dem Einbringen oft stundenlang hinter den Booten hergezogen werden, ertrinkt eine von vier gefangenen Schildkröten. In den Vereinigten Staaten sterben auf diese Weise jedes Jahr mehr als 11 000 Unechte Karettschildkröten.

Zu Lasten der Krabbentrawler geht auch der Tod von 750 Karibischen Bastardschildkröten pro Jahr. „Die direkteste und gefährlichste Bedrohung stellen die Netze der Krabbentrawler dar", äußerte sich Archie Carr Mitte der 80er Jahre.

Zum Glück gibt es eine Lösung für dieses Problem. In den vergangenen Jahren wurde ein Gerät mit dem Namen TED (tur-

Tod in den Schleppnetzen der Krabbenfischer

tel excluder device) entwickelt, das Schildkröten und bis zu 70 Prozent des Fischbeifanges das Entkommen aus den Netzen ermöglicht.

Obwohl selbst das unbeabsichtigte Töten bedrohter Arten verboten ist, weigerten sich die Krabbenfischer standhaft, die Geräte einzusetzen, da ihrer Meinung nach auch ein Drittel des Krabbenfanges aus den Netzen entkommt. 1987 waren weniger als ein Prozent der Krabbenboote mit einem TED ausgestattet.

Archie Carr bemerkte hierzu folgendes: „Wenn die TEDs nicht eingesetzt werden, wird die Karibische Bastardschildkröte in zehn Jahren ausgestorben sein." Offensichtlich war die amerikanische Regierung derselben Meinung, denn sie erließ ein Gesetz, das ab Mitte 1989 allen Handelsbooten den Einsatz von TEDs vorschrieb. In Südkarolina gingen die Todesfälle unter Schildkröten bereits zwei Wochen nach Eintritt dieser Verordnung drastisch zurück: Im Gegensatz zu den vergangenen neun Jahren waren im vergleichbaren Zeitraum nur neun anstatt 56 Tiere ertrunken.

Die Krabbenfischer protestierten gegen die Vorschriften und versperrten die Hafenausfahrten in Texas und Louisiana. Schließlich ging man auf die Forderungen der Fischer und einiger Politiker ein und beschränkte den Einsatz der TEDs auf 45 Tage. Politiker aus Texas und Louisiana hatten argumentiert, daß der geforderte Einsatz des TED „kurzsichtig" gewesen sei und „das Auskommen tausender Krabbenfischer gefährdet hätte".

Als Alternative wurde folgender Vorschlag gemacht: Die Krabbenfischer sollten die Netze alle 105 Minuten hochziehen, um die Schildkröten wieder freizulassen, wobei der Küstenwache klar war, daß sich kein Fischer daran halten würde.

Die Reaktionen der Umweltschutzorganisationen waren unmißverständlich. Die *National Wildlife Federation* erhob Klage und erreichte ein Unterlassungsurteil gegen den Alternativvorschlag, daraufhin wurde der Vorschlag zurückgenommen und der Einsatz von TED wieder vorgeschrieben.

Zerstörung und Besiedelung der Nistplätze

Die Nistplätze der Schildkröten liegen oft auf Grundstücken von beträchtlichem Wert. Ein ausgezeichnetes Beispiel hierfür liefern die Unechten Karettschildkröten: Die größten Nistplätze im Westatlantik befinden sich an verschiedenen Stränden an der Ostküste Floridas; etwa 10 000 Weibchen suchen diese Plätze jedes Jahr auf.

Unglücklicherweise liegen die Nistplätze ganz in der Nähe von den Zentren der Menschen, so daß Schlüpflinge das Licht auf dem Land oft mit dem Meer verwechseln und in die falsche Richtung marschieren. Dabei fallen sie ihren Feinden zum Opfer, werden von der Sonne verbrannt oder beim Überqueren der Straßen überfahren.

Das gleiche geschieht überall dort, wo Menschen unberührtes Land besiedeln. Um nur ein Beispiel aus den USA zu nennen: Im Südosten von Kalifornien wird das Weideland immer weiter

Gegenüberliegende Seite: Eine Schnappschildkröte (Chelydra) versucht einen Feldzaun zu überwinden.

ausgedehnt, und plötzlich muß die Gopherschildkröte ihr Territorium mit Kühen, Schafen und Fahrzeugen teilen.

Umweltverschmutzung

Insbesondere in den Industrienationen leiden Schildkröten unter der Umweltverschmutzung. Die Verschmutzung von Flüssen, Bächen und Meeren mit industriellen Nebenprodukten hat Tausende von Schildkröten aus ihren Gebieten vertrieben und ihre Nistplätze zerstört. Zweifellos sind viele Land- und Wasserschildkröten infolge herbizid- und insektizidverseuchter Nahrung und belasteter Luft verendet. Die Umweltgifte reichern sich im Fettgewebe der Tiere an, noch nicht abzusehen sind gegenwärtig die Auswirkungen von Schadstoffen und Pestiziden auf das Erbgut sowie die Langzeitauswirkungen.

Durch unseren sorglosen Umgang mit der Umwelt werden Schildkröten immer wieder gefährdet. Viele Lederschildkröten gehen an einem Darmverschluß zugrunde, weil sie im Meer treibende Plastiktüten mit Quallen verwechseln.

Noch schlimmer ergeht es den Schlüpflingen, die ihre ersten Lebensjahre auf schwimmenden Inseln aus Seegras, Kelp oder Beerentang verbringen. Unglücklicherweise sammelt sich an diesen Nahrungs- und Schutzgründen auch Öl, Schaumstoff und Teer. Viele Schlüpflinge sterben, wenn sie diese Materialien aufnehmen. Die Öl- und Teerprodukte verursachen auf der Haut der Tiere oft Wunden und Entzündungen, die sich leicht infizieren können.

Bemühungen zur Erhaltung und zum Schutz der Schildkröten

Die erfolgreichsten Bemühungen zur Erhaltung und zum Schutz der Schildkröten erfolgten in den vergangenen 40 Jahren. „Erhaltung" bedeutet eine kontrollierte Nutzung der Tiere, z. B. durch Festsetzen bestimmter Fangquoten; „Schutz" bedeutet, Tiere und Eier vor der Zerstörung zu bewahren.

Maßnahmen zur Erhaltung und zum Schutz finden auf zwei Ebenen statt: Gesetze und Aktionen privater Personen und organisierter Gruppen. Die Grundlage ihres Erfolges liegt in der Absprache und Kooperation mit Politikern.

Hinderlich für den Erfolg moderner Erhaltungs- und Schutzmaßnahmen ist die Tatsache, daß sie meist sehr schwer durchzuführen sind und zudem die Zusammenarbeit verschiedener Interessengruppen und Staaten erfordern. Bei der Diskussion über die Bedrohung der Suppenschildkröte bemerkte Archie Carr 1975: „Die Kommerzialisierung von Schildkrötenfleisch und anderen Erzeugnissen hat mehr als alles andere dazu beigetragen, daß die Arten inzwischen fast ausgestorben sind. Schuld daran sind nicht die Indianer, die das Fleisch zum Eigenbedarf essen, oder die Küstenvölker, die das Fleisch untereinander aufteilen, sondern die Massenvermarktung auf dem Welthandel."

Warum nur widersetzen sich manche Menschen den Maßnahmen zum Schutz der Tiere? Manchmal ist ihre Existenz bedroht, wie im Falle der amerikanischen Krabbenfischer. Peter Pritchard bemerkte hierzu: „Die Notwendigkeit, Naturreichtümer

SCHILDKRÖTEN UND MENSCHEN

Obere Bildreihe: Zoologen messen die Körpertemperatur und die Größe einer Schnappschildkröte (Chelydra).

Mitte: Eine Schildkröte wird von ihrem Nistplatz wegtransportiert.

Rechts: Eine Schildkröte wird untersucht.

Kleine Suppenschildkröten (Chelonia mydas) *in Grand Cayman*

Gesetzgebung

zu schützen, leuchtet jedem ein, der über seine unmittelbaren Bedürfnisse hinaus denken kann, ... sofern es ihm keine Opfer abverlangt. Notwendige Maßnahmen werden immer weniger akzeptiert, wenn sie keine konkreten Vorteile mit sich bringen. Vielfach sind Schutzmaßnahmen mit Unannehmlichkeiten oder Beschränkungen für die Menschen verbunden und kosten darüber hinaus auch noch Geld."

Manchmal steht die Existenz der Menschen auf dem Spiel, und schwierige Entscheidungen müssen getroffen werden. Jack Rudloe erzählt in einem persönlichen Bericht von einer Reise nach Haiti und der Suche nach einer lebenden Echten Karettschildkröte für den Zoo von Philadelphia. Als er auf einer Missionsstation in der Nähe von Port-au-Prince Panzer und Schildpatterzeugnisse ausgestellt sah, fragte er einen Missionar, ob er wüßte, daß Karettschildkröten vom Aussterben bedroht seien.

Der Missionar entgegnete: „Natürlich weiß ich das, aber die Karettschildkröten werden auch unabhängig von unserem Handeln aussterben. Ein großer Panzer bringt 200 Dollar ein. Wissen Sie, wieviel Lebensmittel man dafür kaufen kann?"

Daraufhin sah sich Rudloe die Einwohner Haitis genauer an: „Ich sah mich auf den Straße außerhalb der Mission um. Ich sah abgemagerte Kinder mit hervorstehenden Knochen ... Wir waren überall von einem Meer von Bettlern umgeben ... Der Missionar hatte uns erzählt, wie die Familien in Zeiten der Dürre und Hungersnot entscheiden müssen, welches Kind Nahrung bekommt und welches verhungern muß, damit der Rest der Familie weiterleben kann ... Ich habe auch keine Antwort parat. Wie soll man Menschen Artenschutz nahebringen, die selbst Hunger leiden und einen täglichen Überlebenskampf führen? Dennoch muß etwas passieren, da ansonsten Karettschildkröten und alle anderen Geschöpfe verschwinden und diese Menschen am Ende trotzdem verhungern werden."

Entscheidungen wurden dennoch getroffen, insbesondere dort, wo die „Schildkrötenvermarktung" in großem Stil stattfand. Die Gesetzgebung hat Schutzmaßnahmen ermöglicht, die früher unvorstellbar waren, da dem einflußreichsten Wirtschaftsunternehmen in einem Gebiet keinerlei Beschränkungen im Umgang mit Schildkröten auferlegt waren.

Die *Convention on International Trade in Endangered Species* (CITES) erarbeitete 1979 auf internationaler Ebene ein Abkommen, das den Handel mit Schildkrötenerzeugnissen aus bedrohten Arten untersagte. Die Vereinigten Staaten haben diesen Vertrag unterzeichnet, leider schlossen sich nicht alle Staaten an.

Der Internationale Naturschutzverband (IUCN) hat zusätzlich alle Arten der Meeresschildkröten als gefährdet oder vom Aussterben bedroht in der Roten Liste für Amphibien und Reptilien aufgenommen. Dieses Dokument unterstützt die Staaten auf der ganzen Welt bei der Zusammenstellung bedrohter Arten und beim Erlaß von Gesetzen zum Schutz dieser Arten.

In den Vereinigten Staaten sind alle Meeresschildkröten (außer der Wallriffschildkröte) von der *United States Fish and Wildlife Service* aufgelistet und stehen als bedrohte Arten unter Naturschutz. Viele andere Arten, z. B. die Diamantschildkröte, stehen unter nationalem Schutz.

In einigen Staaten liefen Programme zum Schutz der Meeresschildkröten an. Gegen Ende der 70er Jahre wurde in Nordkarolina ein Überwachungsprogramm gestartet, das die Verteilung und Dichte der Nistaktivitäten von Meeresschildkröten in diesem Bundesstaat zum Inhalt hatte. Im Laufe der Jahre kamen weitere Programme hinzu.

Daneben wurden in den meisten Staaten Gesetze erlassen, die auch Landschildkröten vor Beschädigung, Belästigung und vor der Heimtierhaltung schützten. Im Sommer 1989 wurde die Kalifornische Gopherschildkröte unter Naturschutz gestellt. Der plötzliche Bestandsrückgang hatte Umweltschutzorganisationen alarmiert und eine sofortige Eingabe mit der Forderung nach Schutzmaßnahmen zur Folge. Gleichzeitig wurden Querfeldeinrennen in bestimmten Wüstenabschnitten im Süden Kaliforniens zum Schutz der Tiere untersagt.

Auch in anderen Ländern veranlaßten die Regierungen Maßnahmen zum Schutz der Schildkröten. In Südamerika (Surinam) und Australien (Queensland) wurde es gesetzlich verboten, Schildkröten zu töten oder ihre Eier auszugraben. In beiden Fällen wurde die Regierung durch die Aktionen einiger Einzelkämpfer überzeugt.

Maßnahmen zum Schutz der Schildkröten (oben)

Zuchtfarm für Suppenschildkröten (Chelonia mydas) *in Grand Cayman (unten)*

Bemühungen von Einzelpersonen und unabhängigen Organisationen

Kaum jemand hat sich derart bedingungslos für die Erhaltung und den Schutz der Schildkröten eingesetzt wie Archie Carr, der 1987 im Alter von 77 Jahren starb.

Sein ganzes Leben lang interessierte sich Carr für Reptilien – vor allem für Schildkröten. Gegen Ende der 30er Jahre erhielt er den Lehrstuhl für Biologie an der Universität von Florida; er war Autor, Forscher und Experte für Meeresschildkröten.

1955 war er an einem Projekt zur Wiedereinbürgerung der Suppenschildkröte in der Karibik beteiligt. Carr startete seine Forschungen am Tortuguero Beach in Costa Rica, dem einzigen verbliebenen Nistplatz der Suppenschildkröte in der westlichen Karibik, mit dem Ziel, dieses Gebiet vor Eiwilderern zu schützen. 1957 stellte die Regierung den Strand unter Naturschutz.

Zusammen mit dem Karibischen Naturschutzverband, zu dessen Gründungsmitgliedern Carr zählt, rief er an der Tortuguero Forschungsstation ein Programm zur Erforschung des Wanderverhaltens von Suppenschildkröten ins Leben.

Mit der „Operation Suppenschildkröte" unternahmen Carr und seine Mitarbeiter den Versuch, die Brutkolonien der Suppenschildkröten an den alten Plätzen wieder einzurichten. Hierzu wurden mehrere tausend Eier und Schlüpflinge von Tortuguero an anderen Orten, z. B. in Florida, ausgesetzt.

Archie Carrs Anstrengungen über einen Zeitraum von 30 Jahren haben nicht nur die Suppenschildkröte in der westlichen Karibik vor dem Aussterben bewahrt, sondern auch andere Menschen – meist Einheimische, Regierungsbeamte und Studenten – zum Nachahmen angeregt. So sind beispielsweise mexikanische Studenten daran beteiligt, Schlüpflinge am Strand von Oaxaca, dem vorrangigen Nistplatz der Bastardschildkröten, zu markieren und zu zählen.

Archie Carr neben einer Suppenschildkröte (Chelonia mydas), *die nach der Eiablage zurück ins Meer kriecht. Carr widmete den Großteil seines Lebens der Erforschung und dem Schutz dieser Tiere.*

Eine Suppenschildkröte (Chelonia mydas) *schwimmt anmutig im Südpazifik.*

Alle erfolgreichen Anstrengungen zur Erhaltung und zum Schutz der Schildkröten setzen – sowohl auf staatlicher als auch auf unabhängiger Seite – gewisse Eigenschaften voraus: Intelligenz, Fachwissen, Begeisterung, Zielstrebigkeit, Weitblick und die Fähigkeit, andere für die Sache zu begeistern.

Organisationen, die sich der Erhaltung und dem Schutz von Schildkröten und anderen Tieren widmen, sind der *World Wildlife Fund*, die *Natural Resources Defense Council,* der *Environmental Defense Fund, Defenders of Wildlife* sowie die *New York Zoological Society.*

Zum Schluß dieses Kapitels möchte ich noch zwei warnende Geschichten erzählen. Die erste, eine Legende der Cheyenne, erzählt von den Eingeborenen einer Hochlandregion in Oklahoma.

Vor langer, langer Zeit brachen 40 Krieger, mit Äxten und Speeren bewaffnet, in Begleitung ihres Häuptlings zur Büffel-

120 SCHILDKRÖTEN

jagd auf. Nachdem sie mehrere Tagen erfolglos umhergewandert waren, beschlossen sie, zum Lager zurückzukehren.

In der Ferne sahen die Männer etwas Helles aufleuchten, schenkten ihm jedoch keinerlei Beachtung, da sie es für eine Luftspiegelung hielten. Beim Näherkommen leuchtete das Ding noch stärker und reflektierte das Sonnenlicht. Als sie nahe genug waren, erkannten sie eine riesige Wasserschildkröte, die gemächlichen Schrittes zum nächsten Wasserloch wanderte.

Eine Weile liefen die Männer neben der riesigen Schildkröte her, doch plötzlich sprang einer auf den Rücken des Tieres. Schließlich standen alle außer dem Häuptling auf dem Rückenpanzer der Schildkröte. Dieser drängte die Männer, wieder herunterzusteigen, da die Schildkröte eine mächtige und geheimnisvolle Kraft besäße, die man nicht unterschätzen dürfe.

Einige Männer gehorchten und stiegen wieder vom Panzer herunter, aber einige stießen mit ihren Speeren in den Panzer des Tieres. Schließlich bemerkten sie, daß sie an der Schildkröte festklebten und sich nicht mehr befreien konnten. Voller Angst attackierten sie den Kopf und die Beine der Schildkröte, aber ihre Waffen zersplitterten.

Der zu Hilfe gerufene Häuptling redete der Schildkröte gut zu und versprach ihr, sie immer zu verehren, wenn sie seine Krieger freiließe. Die Schildkröte nahm keinerlei Notiz von dem Häuptling, sondern marschierte unbeirrt weiter. Gegen Ende des Tages sah der Häuptling das Ziel der Schildkröte – ein großes, dunkles Wasserloch. Auch die Krieger sahen es und fingen an, zu beten und die Schildkröte um Gnade anzuflehen, aber die Schildkröte ging einfach weiter.

Zuletzt schrie der Häupling den gefangenen Kriegern zu: „Ich habe alles getan, was in meiner Macht stand. Ihr habt etwas Wunderbares entdeckt und nicht geachtet. Jetzt werdet ihr für das Böse in eurem Herzen bestraft."

Schließlich ging die Schildkröte ins Wasser. Die Krieger sahen zu ihrem Häuptling am Ufer und winkten ihm zu. Als die Schildkröte immer tiefer hineinging, versanken die Krieger allmählich im Wasser. Der Häuptling kehrte allein zurück, um seinem Volk die schreckliche Neuigkeit zu erzählen.

Die zweite Geschichte beruht auf einem Bericht von Jack Rudloe *Time of the Turtle* und schildert ein Ereignis, das Rudloe als junger Mann auf einem Krabbentrawler erlebt hatte.

In den Netzen des Schiffes hatte sich ein Pärchen Karettschildkröten verfangen; um sie aus ihrer Notlage zu befreien, bat Rudloe einen Matrosen, die Tiere freizulassen. Da sich Schildkröten zu jener Zeit im Hafen gut verkaufen ließen, weigerte sich der Matrose. Obwohl Rudloe bereit war, den gleichen Preis für die Freilassung der Tiere zu zahlen, weigerte sich der Matrose weiterhin, da die Schildkröten mit ihren Schnäbeln seine Netze zerrissen hatten.

Einen Tag lang mußte Rudloe mitansehen, wie die Tiere an Deck des Schiffes qualvoll litten. Im Hafen mußte er dem Abschlachten der Tiere – das er in grausigen und blutigen Ein-

Einheimische beobachten eine Madagassische Strahlenschildkröte (Geochelone radiata).

zelheiten in seinem Bericht beschreibt – tatenlos zusehen, gleichzeitig war er von einer Mischung aus Faszination und Abscheu erfüllt.

„Ich betrachtete die Krabbenfischer mit gemischten Gefühlen", schrieb er. „Sie waren meine Freunde, ließen mich auf ihrem Boot wohnen und vermittelten mir mehr praktische Erfahrung in Meeresbiologie, als ich in fünf Jahren reiner Theorie gelernt hätte. Sie töten jedoch noch immer Meeresschildkröten und drängen damit eine ohnedies bedrohte Art an den Rand des Aussterbens."

Der „Schlächter" der beiden Schildkröten bemerkte seine Verzweiflung und schenkte ihm Eier aus dem Leib des Weibchens. „Ich weiß, was du denkst", sagte er zu seiner Verteidigung. „Es gibt hier Millionen Schildkröten, was machen die paar aus, die dieses Schiff hier fängt. Fische und Vögel fressen die kleinen Schildkröten. Es schadet nichts, wenn du tausend oder gar zehntausend Schildkröten tötest!"

Die beiden Geschichten haben die gleiche Aussage: Individuen, Gruppen oder Völker können nur dann verantwortungsbewußt leben, wenn sie sich selbst als einen Teil der Erde und nicht als höherstehende Wesen betrachten und sich nicht an kurzfristigen Bedürfnissen, sondern an einer weitblickenden Sicht orientieren.

Die Krieger der Cheyenne haben die Schildkröte wie einen Fremdkörper behandelt und zu spät erkannt, daß ihrer beiden Schicksale miteinander verbunden waren. Ihr Tod resultierte aus ihrem Charakter und ihrem Verhalten, ab einem gewissen Punkt war ihr Schicksal unvermeidlich – es führte kein Weg zurück, eine andere Wahl war nicht mehr möglich.

In ähnlicher Weise sieht der Schildkrötenschlächter nur einen kleinen Ausschnitt der Wirklichkeit, der sich in erster Linie an seinen eigenen Bedürfnissen orientiert. Mit Weitblick hätte er erkennen müssen, daß die Existenz der Karettschildkröten ernsthaft bedroht ist, und die Tiere freigelassen, anstatt sie zu töten.

Um in Einklang mit der Natur und ihren Geschöpfen leben zu können, muß der Mensch lernen, Achtung vor anderen Lebewesen zu haben. Manche Menschen, z. B. Archie Carr, haben dies getan. Andere hingegen, wie die Krabbenfischer, die sich weigerten, TEDs einzusetzen, haben eine falsche Vorstellung von der Natur und der Rolle des Menschen in diesem System.

Diese Einstellung liegt in Gier und Furcht begründet und läßt sich auf einen Nenner bringen: „Die Natur ist für uns da, um sie nach Belieben zu nutzen. Die Schildkröten stehen zwischen uns und den Krabbenfischern. Wenn wir die Krabben nicht fangen (sagen die Fischer), tut es eben ein anderer. Schildkröten sind ein lästiges Übel, auf das man gut verzichten kann." Wie läßt sich die Haltung der Politiker erklären, die als Wortführer der Krabbenfischer behaupteten, daß der Schutz einer fast ausgestorbenen Art „kurzsichtig" sei und daß ein Lockern der Vorschriften über den Einsatz der TEDs „aus moralischer Sicht richtig war"?

Jedes stabile System verkraftet nur ein gewisses Maß an Mißbrauch, bevor es zusammenbricht – sei es in kleinen, nicht wahrnehmbaren oder in großen, katastrophalen Schritten. Der dramatische Bestandsrückgang der Schildkröten sollte ein warnendes Beispiel dafür sein, daß unser Leben und das der Erde aus dem Gleichgewicht geraten ist und nur schwer oder gar nicht mehr ausgeglichen werden kann.

In vorindustrieller Zeit lebten viele Eingeborene Amerikas von der Jagd und dem Ackerbau. Sie vertraten die Ansicht, daß Tiere zu intelligent und mächtig seien, um die Beute der Jäger zu werden. Die Tiere jedoch verstanden, daß Leben gleichzeitig Essen bedeutet und opferten sich aus Mitgefühl für die Menschen. Dieses Einverständnis setzte die Achtung und maßvolle Nutzung der Tiere voraus, Gier wurde von den Geistern bestraft.

Um die Schildkröten und andere bedrohte Arten sowie die Erde vor dem Untergang zu bewahren, müssen wir unser Leben nach diesen Regeln leben. Wir müssen viel von unserer Überheblichkeit aufgeben, die tief in der industriellen Gesellschaft verwurzelt ist.

Das Schicksal aller Lebewesen auf der Erde ist miteinander verflochten; was ist also notwendig, um zu überleben? Entschlossene Menschen, die Entgegenkommen und Menschlichkeit anstelle materiellen Fortschritts als oberstes Prinzip ansehen, sowie Achtung vor der Natur und Ehrlichkeit.

Wir sollten uns den Standpunkt aus einem alten Sprichwort zueigen machen: Wir haben die Erde nicht von unseren Vorfahren geerbt, wir haben sie nur für unsere Kinder geliehen. Oder, um mit den Worten Archie Carr's zu sprechen: „Was wir von der alten Erde bewahrt haben, wird uns in den Augen unserer Nachkommen nicht viel Dank einbringen."

Was mag wohl ihr Schicksal sein? Eine Unechte Karettschildkröte (Caretta caretta) *kehrt nach der Eiablage ins Meer zurück.*

REGISTER

A
Aldabra-Riesenschildkröte 17, 105
Alligatorschildkröten 41–47
Amboina-Scharnierschildkröte 74
Amerikanische Sumpfschildkröte 71
Amerikanische Wasserschildkröten 19, 68–70
Anapsider Schädeltyp 15
Anatomie 13–16
Argentinische Landschildkröte 82–84
Argentinische Schlangenhalsschildkröte 91
Arrauschildkröte 30, 88–90
Artenschutz 114–117
Asiatische Landschildkröten 82
Asiatische Sumpfschildkröten 73–74
Atmung 17–18

B
Balzverhalten 25–29
Barbour-Höckerschildkröte 63–64
Bastardschildkröten 92, 95, 110–111, 118
Batagur baska 74
Batagur-Schildkröte 74
Bauchstreifen-Erdschildkröte 73
Beine 16, 19
Braune Landschildkröte 82
Breitrandschildkröte 82
Breitrand-Spitzkopfschildkröte 90–91
Buchstaben-Schmuckschildkröte 14, 54, 56–57

C
Callagur borneoensis 74
Callagur-Schildkröte 74
Caretta caretta 28, 93, 97, 110, 123
Caretto Chelyidae 41
Carolina-Dosenschildkröte 12, 70–71
Carr, Archie 6, 17–18, 36–37, 47, 52, 69, 95, 103, 112, 114, 118, 123
Chelidae 88, 90
Chelodina expansa 90
Chelodina longicollis 90
Chelodina oblonga 90
Chelonia mydas 94–97, 100, 107, 116–119
Cheloniidae 19, 41, 92–101, 105, 107, 109
Chelonoidis 83
Chelonoidis carbonaria 83
Chelonoidis chilensis 83
Chelonoidis denticulata 83
Chelus fimbriatus 91
Chelydra 112, 115
Chelydra serpentina 11, 15
Chelydridae 41–42
Chinemys reevesii 74
Chinesische Dreikielschildkröte 74
Chinesische Weichschildkröte 54
Chitra indica 51
Chrysemys 54
Chrysemys picta 54
Chrysemys scripta 14, 54, 56–57
CITES (Convention on International Trade in Endangered Species) 116
Clemmys 19, 68–70
Clemmys caspica 67
Clemmys caspica caspica 67
Clemmys guttata 68, 70
Clemmys insculpta 68
Clemmys marmorata 70
Clemmys muhlenbergii 69–70
Cotylosaurier 13
Cryptodira 15, 41–87
Crysemys 54
Crysemys picta 54
Cuora 74
Cuora amboinensis 74

D
Dach-Moschusschildkröte 47–48
Darwin, Charles 78
Darwin Memorial Research Station 78
Deirochelys reticularia 71
Dermatemydidae 41
Dermochelyidae 47, 101, 111
Dermochelys coriacea 17, 101
Diademschildkröte 73–74
Diamantschildkröten 7, 54, 57, 66, 117
Dornrand-Weichschildkröte 49, 52–54
Dosenschildkröten 7, 12, 27, 30, 54, 70, 72

Dreiklauen-Weichschildkröten 52
Dunkle Weichschildkröte 54

E
Echte Karettschildkröte 95, 97–100, 110, 116
Echte Landkartenschildkröte 63
Echte Weichschildkröten 41
Eiablage 28–30
Eier 30–34
Emydidae 41, 54
Emydoidea blandingii 71–72
Emydura 90
Emydura macquarrii 90
Emys orbicularis 73
Entwicklungsgeschichte
- der Reptilien 10–12
- der Schildkröten 13
Erdschildkröten 71, 73
Eretmochelys imbricata 97
Europäische Sumpfschildkröte 73

F
Falsche Landkartenschildkröte 21, 63–64, 108
Feinde 37
Florida-Klappschildkröte 47
Florida-Schmuckschildkröte 21, 61
Florida-Weichschildkröte 14, 50
Flußschildköten 19
Fortbewegung 19–20
Fossilienfunde 13
Fransenschildkröte 91
Füße 19

G
Galapagos-Riesenschildkröten 20, 22, 24, 38, 75–78
Geierschildkröten 17, 42–43
Gelbrand-Gopherschildkröte 85
Gemeine Klappschildkröte 47
Geochelone 80, 82
Geochelone carbonaria 82, 83
Geochelone chilensis 82
Geochelone denticulata 84
Geochelone elegans 82
Geochelone elephantopus 76
Geochelone emys 82
Geochelone pardalis 80
Geochelone radiata 80–82, 121

Geochelone sulcata 80
Geoemyda 71
Geoemyda pulcherrima 73
Geoemyda spinosa 74
Geschlechtsdifferenzierung 34
Geschlechtsreife 24–25
Gesetzgebung zum Schutz der Schildkröten 116–117
Gesichtssinn 21
Gewöhnliche Bastardschildkröte 100–101, 110
Gewöhnliche Moschusschildkröte 48
Gezähnelte Pelomeduse 73
Glattrand-Weichschildkröte 50–51
Glattrückige Schlangenhalsschildkröte 90
Gopherschildkröten 16, 27, 34, 85, 87
Gopherus 85
Gopherus agassizi 85, 87
Gopherus polyphemus 16, 27, 85
Graptemys 63
Graptemys barbouri 63–64
Graptemys geographica 63
Graptemys kohnii 64
Graptemys nigrinoda pelticola 64
Graptemys oculifera 63
Graptemys oculifera oculifera 64
Graptemys pseudogeographica 21, 63, 108
Graptemys pseudogeographica sabinensis 64
Griechische Landschildkröte 82
Große Kreuzbrustschildkröte 48
Großkopfschildkröten 41
Grüne Meeresschildkröte s. Suppenschildkröten

H
Halsberger-Schildkröten 15, 41–87
Halswender-Schildkröten 15, 41, 88–91
Hardella thurjii 73
Haut 16
Hieremys annandalii 105
Hieroglyphen-Schmuckschildkröte 60–61
Höcker-Schmuckschildkröten 54, 63

Hufeisen-Klappschildkröte 47
Hydromedusa 91
Hydromedusa tectifera 91

I
Indische Dachschildkröte 17
Indische Strahlenschildkröte 82
IUCN (International Union for the Conservation of Nature) 116

J
Jungtiere 37

K
Kachuga tecta 17
Kalifornische Gopherschildkröte 26–27, 85–87, 117
Karibische Bastardschildkröte 95, 100, 108–109, 111–112
Kaspische Wasserschildkröte 67, 73
Kieferformen 16–17
Kinixys erosa 81
Kinosternidae 41, 47–49,
Kinosternon subrubrum 47–48
Klappschildkröten 47–48
Klassifikation 10–12, 41
Kleine Moschusschildkröte 48
Köhlerschildkröte 83–84
Körpertemperatur 18
Kreuzbrustschildkröten 48
Kurzkopf-Weichschildkröte 51

L
Landkartenschildkröte 63
Landschildkröten 7, 19, 41, 75–91, 114, 117
Langhals-Schmuckschildkröte 54, 71
Langlebigkeit 39
Lederschildkröten 17, 41, 92, 101
Lepidochelys kempii 100
Lepidochelys olivacea 100
Linne', Carl von 10

M
Macroclemys temminckii 17, 42–43
Madagassische Strahlenschildkröte 80–82, 111
Malaclemys 66
Malaclemys terrapin 66

Malaclemys terrapin macrospilota 66
Malaclemys terrapin terrapin 67
Malacochersus tornieri 20, 81
Matamata 91
Mauremys caspica 73
Mauremys japonica 73
Mauremys leprosa 73
Mauremys mutica 73
Maurische Landschildkröte 81–82
Meeresschildkröten 18, 41, 92, 101, 105–111, 117–118
Megalochelys gigantea 17
Melanochelys 71
Miskito Indianer 108–109
Mississippi-Höckerschildkröte 64
Moschusschildkröten 24, 47
Mühlenberg-Schildkröte 69–70

N
Natador depressus 97
Nistplätze 29–30
- Zerstörung und Besiedelung 112–114
Nordamerikanische Landschildkröten 84–87

O
Obst, Fritz 106
Ohren 21

P
Paarung 25–29
Pantherschildkröte 80
Panzer 7
- Anatomie 13–15
Papua-Weilchschildkröte 41
Pazifik-Wasserschildkröte 68, 70
Pelomedusa subrufa 89
Pelomedusen-Schildkröten 88
Pelomedusidae 88
Pelusios 89
Pelusios sinuatus 73
Pennsylvania-Klappschildkröte 47
Pfauenaugen-Weichschildkröte 54
Physiologie 17–18
Platysternidae 41
Platysternon megacephalum 17
Pleurodira 15, 41, 88–91
Podocnemis 19

Podocnemis expansa 88, 90
Poikilotherme 18
Pracht-Erdschildkröte 73
Pracht-Höckerschildkröte 63
Pritchard, Peter C. H. 70, 94, 106, 114
Pseudemys 54
Pseudemys concinna hieroglyphica 61
Pseudemys concinna suwanniensis 60
Pseudemys concinna texana 61
Pseudemys floridana 21
Pseudemys floridana hoyi 61
Pseudemys rubriventris alabamensis 61
Pseudemys scripta 14, 54, 56–57
Pseudemys scripta elegans 22, 58–59

R
Rammsporn 26–27
Reptilien
- Einteilung 10
- Entwicklungsgeschichte 10–12
- Unterscheidungsmerkmale 12
Rhinoclemys 71
Rhinoclemys funera 73
Rhinoclemys pulcherrima 73
Riesenschlangenhalsschildkröte 90
Rotbauch-Schmuckschildkröte 61
Rotwangen-Schmuckschildkröte 22, 58–59
Rudloe, Jack 116, 121–122

S
Salvin-Kreuzbrustschildkröte 48
Scharnierschildkröte 74
Schlammschildkröten 41, 47–49
Schlangenhalsschildkröten 88, 90
Schlupf 34–36
Schmalbrust-Schlangenhalsschildkröte 90
Schmuck-Dosenschildkröte 70
Schmuck-Höckerschildkröte 62–63
Schmuckschildkröten 7, 21, 54–60

Schnappschildkröten 11, 15, 24, 28, 31, 37, 41–44, 46–47, 112, 115
Seismischer Sinn 21
Seismosaurus 11
Sexualdimorphismus 24–25
Sexualorgane 24
Sinnesleistungen 21–23
Spaltenschildkröte 20, 38, 81
Sporenschildkröte 80
Stachel-Erdschildkröte 70
Stachelrand-Gelenkschildkröte 81
Staurotypus 48
Staurotypus salvinii 48
Staurotypus triporcatus 48
Sternotherus 47
Sternotherus carinatus 47–48
Sternotherus minor 47–48
Sternotherus odoratus 48
Sternschildkröte 82
Südamerikanische Landschildkröten 82–84
Sumpfschildkröten 41, 54–74
Suppenschildkröten 92, 94–97, 100, 107–110, 114, 116–119

T
Tabasco-Schildkröten 41
Tastsinn 23
Tempelschildkröten 105
Temperaturkontrolle 18
Terekay-Schildkröte 89
Terrapene 30, 70, 72
Terrapene carolina 12, 70
Terrapene carolina bauri 71
Terrapene ornata 70
Testudinidae 7, 19, 41, 75–91
Testudo elephantopus 22, 24, 38, 75–78
Testudo graeca 81–82
Testudo hermanni 82
Testudo marginata 82
Testudo radiata 82
Texas-Gopherschildkröte 85
Trachemys 54
Trachemys scripta elegans 58
Trionychidae 19, 41, 49–54
Trionyx 17, 52
Trionyx ferox 14, 50
Trionyx hurum 54
Trionyx muticus 50–51
Trionyx nigricans 54, 105
Trionyx sinensis 54
Trionyx spiniferus 49, 52–53

Tropfenschildkröte 68, 70

U
Umweltverschmutzung 114
Unechte Karettschildkröte 28, 93, 95–97, 110–112, 123

V
Verhaltensänderungen 39
Volkssagen 104–105

W
Wachstum 35–39
Wahrnehmungsvermögen 21–23
Waldbachschildkröte 27, 68–69
Waldschildkröte 83–84
Wallriffschildkröte 95, 97, 117
Wanderung der Meeresschildkröten 93–94
Wasserschildkröten 7, 17–19, 21, 68–70, 114
Wechselwarme 18
Weichschildkröten 15, 17–19, 41, 49–54, 105
Weißmaul-Klappschildkröte 48

Z
Zeitigungsdauer 31
Zierschildkröten 54

BILDNACHWEIS

Seite 8/9: Stephen G. Maka/Photo/Nats
Seite 11: A. B. Sheldon
Seite 12: A. B. Sheldon
Seite 13: Juan Barberis/
Melissa Turk & The Artist Network
Seite 14, oben: A. B. Sheldon
Seite 14, unten: Dr. E. R. Degginger
Seite 15: Manny Rubio
Seite 16, oben: Stephen G. Maka/Photo/Nats
Seite 16/17, unten: Juan Barberis/
Melissa Turk & The Artist Network
Seite 18: Juan Barberis/
Melissa Turk & The Artist Network
Seite 19: Juan Barberis/
Melissa Turk & The Artist Network
Seite 20: Manny Rubio
Seite 21, oben: A. B. Sheldon
Seite 21, unten: Dr. E. R. Degginger
Seite 22: Gerry Ellis/Ellis Wildlife Collection
Seite 24: Dr. E. R. Degginger
Seite 26/27: John Gerlach/Animals, Animals
Seite 28: Steven Morello
Seite 29, unten links: Gerry Ellis/
Ellis Wildlife Collection
Seite 29, unten rechts: Juan Barberis/
Melissa Turk & The Artist Network
Seite 30: John F. O'Connor/Photo/Nats
Seite 31: Dr. E. R. Degginger
Seite 32/33: Dr. E. R. Degginger
Seite 34/35: Manny Rubio
Seite 36: Townsend/Greenpeace
Seite 37: Catherine Singer Davies
Seite 38: Catherine Singer Davies
Seite 40/41: Gary Bell/Ellis Wildlife Collection
Seite 42: Dr. G. J. Chafaris
Seite 43: Dr. E. R. Degginger
Seite 44/45: John F. O'Connor/Photo/Nats
Seite 46, oben: Manny Rubio
Seite 46, unten: Stephen G. Maka/Photo/Nats
Seite 47: Dr. E. R. Degginger
Seite 48: Dr. E. R. Degginger
Seite 49, oben: A. B. Sheldon
Seite 49, unten: John Cancalosi/
Tom Stack & Associates
Seite 50/51: Dr. E. R. Degginger
Seite 52/53: Dr. E. R. Degginger
Seite 55: Stephen G. Maka/Photo/Nats
Seite 56/57: Dr. E. R. Degginger
Seite 58/59: A. B. Sheldon
Seite 58, unten: Dr. E. R. Degginger
Seite 60: A. B. Sheldon
Seite 61: Dr. E. R. Degginger
Seite 62/63: Dr. E. R. Degginger
Seite 64/65: Dr. E. R. Degginger

Seite 66: Dr. E. R. Degginger
Seite 67, oben: A. B. Sheldon
Seite 67, unten: David M. Dennis/
Tom Stack & Associates
Seite 68: Dr. E. R. Degginger
Seite 69: A. B. Sheldon
Seite 70: A. B. Sheldon
Seite 71: Dr. E. R. Degginger
Seite 72, oben: A. B. Sheldon
Seite 72, unten: Steven Morello
Seite 73: Zoological Society of San Diego
Seite 74: David M. Dennis/Tom Stack & Associates
Seite 75: Manny Rubio
Seite 76/77: Ann Reilly/Photo/Nats
Seite 78: Michael Dick/Animals, Animals
Seite 79: Mickey Gibson/Animals, Animals
Seite 80: Zig Leszczynski/Animals, Animals
Seite 81, oben: Manny Rubio
Seite 81, unten: Dr. E. R. Degginger
Seite 82, oben: Dr. E. R. Degginger
Seite 82, unten: David M. Dennis/
Tom Stack & Associates
Seite 83: Gerry Ellis/Ellis Wildlife Collection
Seite 84: Zoological Society of San Diego
Seite 85: A. B. Sheldon
Seite 86: Ted Levin/Animals, Animals
Seite 87: Manny Rubio
Seite 88/89: Gerry Ellis/Ellis Wildlife Collection
Seite 90, oben: North Wind Picture Archive
Seite 90, unten: Bayard H. Brattstrom/
Visuals Unlimited
Seite 91: Erika Klass
Seite 92/93: Gary Bell/Ellis Wildlife Collection
Seite 94: Dr. E. R. Degginger
Seite 95: Chris Huss/Ellis Wildlife Collection
Seite 96: Gary Bell/Ellis Wildlife Collection
Seite 98/99: Dr. E. R. Degginger
Seite 100: Manny Rubio
Seite 102/103: Catherine Singer Davies
Seite 105: Jeffrey Aaronson
Seite 107: Dr. E. R. Degginger
Seite 108: A. B. Sheldon
Seite 109: Jaldagian/Greenpeace
Seite 110: Gerry Ellis/Ellis Wildlife Collection
Seite 111: David Niles
Seite 113: Gay Bumgarner/Photo/Nats
Seite 115, oben: Dr. E. R. Degginger
Seite 115, Mitte und unten: Charlie Brown
Seite 116: Phil Degginger
Seite 117, oben: Charlie Brown
Seite 117, unten: Phil Degginger
Seite 118: Jeanne Mortimer/UF Information Services
Seite 119: Chris Huss/Ellis Wildlife Collection
Seite 120: Frans Lanting/Minden Pictures